LE MAL SUISSE

Du même auteur

La Suisse des bons sentiments, voyage en terre d'asile (avec Yaël Reinharz Hazan) Métropolis, Genève, 1996.

La Guerre des Six Jours, la victoire empoisonnée, Éditions Complexe, Bruxelles, 1989.

Pierre Hazan

Le mal suisse

Stock

à Ilan et Chaya

« Tout ce qui est pluralité est inquiétude. »

Paracelse,
plus connu sous le nom
de « docteur Helveticus »
(médecin, phytologue, alchimiste,
chimiste, kabbaliste du XVIe siècle).

J'exprime ma gratitude envers Yves Laplace, Sophie Pavillon, Gilles Petitpierre, Jacques Pitteloud et Yaël Reinharz Hazan, relecteurs amicaux du manuscrit, dont les conseils ont été précieux; ainsi qu'à tous ceux — trop nombreux pour être cités — qui m'ont fait part de leurs réflexions, de leurs analyses et de leurs témoignages. Qu'ils en soient remerciés. J'assume cependant seul la responsabilité des idées ici défendues.

Introduction

La Suisse en danger de paix

Depuis la chute du mur de Berlin en décembre 1989, la Suisse est en danger, mais les Suisses ne le voient pas encore. Habitués à vivre dans l'une des nations les plus prospères du monde, à ignorer les difficultés sociales, à traverser les guerres sans verser leur sang, la plupart d'entre eux voient leur pays comme le font beaucoup d'étrangers : une île à l'abri des secousses de l'histoire, protégée par sa neutralité armée, forte de sa démocratie directe et de son système fédéraliste, de ses institutions intègres et de ses citoyens travailleurs qui, lorsqu'ils n'effectuent pas leurs périodes d'entraînement dans l'armée, rangent à la cave leur fusil-mitrailleur, la boîte de 24 cartouches et le couteau suisse à côté de leurs skis et de leurs bouteilles de vin.

Bien sûr, chacun sait que cette vision lisse est trop parfaite pour être réelle. Comme le reste de l'opinion publique occidentale, les Suisses ont été choqués lorsqu'ils ont découvert au début des années 1990, en plein cœur de Zurich, à quelques minutes à pied de la Bahnofstrasse, siège des plus grandes banques suisses, le spectacle de centaines de toxicomanes et de dealers se livrant au plus grand marché d'héroïne à ciel ouvert d'Europe. Mais la conclusion qu'ils en ont tirée est limitée : elle s'est bornée le plus souvent à une critique des autorités locales. Le diagnostic fut rapide : certes, ici ou là, le pays a besoin de correctifs mais la maladie est somme toute bénigne. Il suffit de regarder au-delà des frontières pour s'assurer que tout est pire ailleurs. La démonstration est vite faite. L'Italie est victime de sa permanente instabilité gouvernementale et de ses mafieux dont on se demande parfois s'ils n'ont pas pénétré jusqu'au cœur du système politique. L'Allemagne n'est toujours pas remise du coût de l'unification et les flambées xénophobes contre les Turcs et les réfugiés réveillent de sinistres souvenirs. Quant à la France, elle est touchée par le fléau du chômage, le réveil violent de ses banlieues et l'enracinement de l'extrême droite.

A côté de beaucoup d'autres États, c'est vrai, la Suisse demeure un pays de Cocagne.

Les uns s'en réjouissent, y voyant l'efficacité de l'« exception suisse », le *Sonderfall Schweiz*. Un pays, « miracle de la volonté », qui se présente comme l'utopie européenne réalisée. Fort de ses différences linguistiques, religieuses, politiques et culturelles; fort encore de son système politique unique où le peuple, selon son bon plaisir, fait et défait les lois et rappelle à ses élus qu'ils sont là pour servir et non se servir; fort encore d'une neutralité armée qui lui a permis d'éviter les affres de deux guerres mondiales, et des conventions de Genève qu'elle a données au monde. La Suisse incarne le spectacle de cette démocratie venue de la base qui fait tant défaut au sein de l'Union européenne. La Suisse — ou l'arrêt terminus d'une histoire de l'humanité enfin pacifiée.

Pour reprendre la formule de Jaspers, le choix pour l'Europe serait simple : elle devrait choisir entre l'« helvétisation » et la « balkanisation ». Autrement dit, entre la civilisation ou le chaos et la barbarie.

D'autres au contraire, comme Che Guevara, voient dans ce pays le « cerveau du monstre » qui, par ses tentacules bancaires, suce le sang des damnés de la terre. Cette définition rejoint celle de Jean-Luc Godard évoquant le drapeau suisse frappé de la croix blanche : « Sur le sang des autres, on a fait une croix. » La Suisse serait l'hypocrisie faite État portée à son point culminant. Un Dr Jeykill et Mr Hyde des relations internationales. Coiffée du bandeau de la Croix-Rouge, Heidi serait le jour sur les champs de bataille l'infirmière compatissante, humectant les lèvres des blessés agonisants, et ferait tourner la nuit les machines de guerre, à coups de blanchiment d'argent sale, d'exploitation de main-d'œuvre forcée et de comportements néo-impérialistes.

Bref, la Suisse n'aurait sur la scène de l'Histoire qu'un choix limité de rôles : elle ne saurait être qu'une figure de la Providence divine ou une figure du Diable. Nous serions condamnés à choisir entre la Pureté et l'Abjection. Entre peuple élu et peuple maudit. Comme si la Suisse ne pouvait jamais accéder à la condition humaine, lestée de trop de providence divine, ou au contraire d'esprit satanique.

Ce duel entre le Bien et le Mal se double d'un autre affrontement symbolique, cette fois sur le constat du malaise suisse. Celui du choc entre deux visions encapsulées par des slogans qui eurent, chacun, leur heure de gloire : celui des jeunes de Lausanne, dans les années 1980 qui écrivaient sur les murs : « Rasez les Alpes, qu'on voie la mer »; et celui du pavillon suisse à l'Exposition de Séville en 1992 : « La Suisse n'existe pas ».

Étrange jeu d'opposition, là encore. La Suisse serait une prison dont chaque pierre des Alpes constituerait une des briques d'un univers carcéral. Il s'agirait de la dynamiter pour accéder à la dignité d'homme libre. L'autre terme de l'alternative n'est guère plus souriant : si « La Suisse n'existe pas », alors ce pays est condamné à l'immatérialité, ses habitants devant évoluer dans un espace sans consistance, diaphane, plus insaisissable qu'une bulle de savon. Les Suisses? Un peuple dont le destin serait d'être plongé dans le néant d'un pays inexistant. Trop lourde ou trop légère, la Suisse entretient à l'évidence un rapport particulièrement étrange avec les lois de la gravitation universelle — et de la physique en général. Elle n'aurait le choix qu'entre la formule de Shakespeare à peine revisitée, entre un *too be* (un surcroît d'être) et un *not to be*. Être trop ou ne pas être.

Pyramide à l'endroit ou renversée, ce sont là des « envers complices » : ces systèmes de représentations s'accordent au moins sur un point : la Suisse est frappée du sceau de l'exceptionnalité. Positifs ou négatifs, ils sont en fait les partenaires d'un binôme infernal dont la fonction est de contourner le réel. D'échapper au champ politique. Et ils possèdent l'immense avantage de permettre de ne pas prendre de décision sur les choix de société qu'il faudrait effectuer demain matin — de préférence au réveil.

Ce sont, en fait, des stratégies de fuite. Des systèmes aveugles au danger qui menace la Suisse : l'archaïsme.

L'hypothèse de ce livre tient en une phrase : la Suisse est en train de rater son entrée dans la modernité. Le projet politique qui anime ce pays est mort. Ou plus exactement, pour paraphraser la célèbre phrase de Nietzsche : « Il est mort, mais son cadavre bouge encore. » La Suisse n'a plus de projet de société. Qui est-elle ? Où va-t-elle ? Quelle société veut-elle bâtir pour ses enfants ?

Elle est en crise identitaire. Pourquoi ?

La Suisse contemporaine puise sa source dans la révolution libérale de 1848, mais ses références les plus fortes se sont cristallisées durant la Seconde Guerre mondiale. Ce fut, à l'époque, la stratégie du « réduit national », dite aussi du « hérisson » : l'armée se terrait dans les montagnes sur l'axe stratégique des transversales alpines, prête à repousser l'envahisseur ou, à défaut, prête à faire sauter le passage des cols.

Depuis la fin de la Seconde Guerre mondiale, cette stratégie du « réduit national » a été abandonnée, mais sa philosophie a, en Suisse, durablement imprégné les esprits, les comportements et les modes de pensée. Ces terribles années 1939-1945 et l'immédiat après-guerre constituent le socle politique et idéologique de la Suisse actuelle. Elles sont en vérité le berceau de la Suisse moderne. Elles ont marqué au fer rouge les traits les plus forts de ce pays : le culte de la neutralité, une crainte — teintée de xénophobie — de l'immigration, un réflexe d'isolationnisme politique, la conviction qu'il existe une « exceptionnalité suisse ». Des intellectuels progressistes, de grands esprits libéraux comme Denis de Rougemont et de Salis, des politiques, des diplomates se sont élevés contre les implications politiques de cette mémoire faussée par la légende, mais leur point de vue a été le plus souvent écarté.

C'est de cette exceptionnalité suisse qu'il sera question ici. Loin de vouloir dresser un acte d'accusation, l'ambition de ce livre est de mettre le doigt sur un point crucial. Celui d'une mythologisation qui a contribué à déterminer, à justifier et à légitimer les choix politiques accomplis ces cinquante dernières années, même lorsqu'il s'est agi, pour les autorités, de s'en écarter. Dans tous les grands débats de l'après-guerre de la société suisse, c'est finalement la question de l'exception helvétique qui s'est toujours posée. C'est-à-dire du rapport spécifique aux autres et à soi : immigration étrangère, suppression de l'armée, adhésion à l'Organisation des Nations unies, naturalisation facilitée pour les jeunes étrangers, fonds en déshérence, participation à la construction européenne...

En ce sens, la guerre froide fut un cadeau empoisonné. La Suisse était forte, car elle était en permanence sur ses gardes : quel pays de six millions d'habitants peut aujourd'hui mobiliser 600 000 hommes en vingt-quatre ou quarante-huit heures? Quel pays peut se targuer d'avoir creusé ses montagnes pour y cacher des avions, des tanks, des canons, et est capable d'y enfouir des milliers de soldats prêts à résister pendant un siège de plusieurs mois, voire de plusieurs années? Quel pays a prévu un bombardement atomique et l'utilisation d'armes chimiques et décidé d'abriter toute sa population dans des abris souterrains? Quel pays a tout prévu, y compris l'occupation de son territoire par un envahisseur et la mise en place d'un gouvernement fantoche — et s'y est là encore préparé par l'organisation d'une armée secrète? Quelle démocratie a fiché des centaines de milliers de citoyens qui n'ont jamais outrepassé les frontières de la légalité? Une seule démocratie au monde, neutre de surcroît, et qui depuis deux siècles a échappé à la guerre : la Suisse.

Or, en une microseconde, avec la chute du mur de Berlin, tout ce qui justifiait cette préparation sans équivalent dans l'histoire de l'humanité s'est effondré. La fin de la guerre froide et la disparition de l'Union soviétique ont sonné le glas du plus confortable des régimes pour la Suisse. Ce merveilleux biotope était un facteur de cohésion nationale, une rente de situation, où s'épanouissait pleinement la neutralité. Il permettait de dénoncer la menace militaire et idéologique que représentait l'ex-URSS, tout en offrant à la Suisse, via cette neutralité, le rôle de passerelle entre l'Est et l'Ouest.

Dans l'œil du cyclone, la Suisse fut le pays du silence. Le silence politique, avec l'aval de tous les grands partis au gouvernement. Le silence social, avec la paix du travail. Le silence bancaire, avec le secret des comptes à numéros. Le silence humanitaire, avec la règle de la confidentialité qui est la griffe helvétique du Comité international de la Croix-Rouge. Pays du silence, la Suisse fut aussi une « nation d'hôteliers », selon la formule de l'écrivain Charles-Ferdinand Ramuz. Les Suisses ont, pendant des décennies, disposé les tables et les chaises, préparé les lits et allumé les feux dans les cheminées en hiver, pour les négociations internationales.

Mais voilà, la Suisse se trouve comme le désert des Tartares. Le pays était prêt, mais l'ennemi n'a pas attaqué. Pis que cela, le communisme a joué à la Suisse un tour pendable : il a sombré corps et biens. Fait troublant : la société était psychologiquement prête à affronter la guerre, mais non la paix. La Suisse avait toutes ses défenses prêtes pour se prémunir contre les périls du désert, et la voilà nageant, désemparée, dans l'eau douce. La Suisse se trouve aujourd'hui en danger de paix.

Aucun de ses voisins ni des pays du défunt bloc de l'Est ne la menace. Tous les impératifs de mobilisation et de cohésion liés à une menace sont, du coup, devenus caducs : plus besoin d'une force militaire si importante, plus besoin d'un contrôle social si étendu. Ceci a valeur de symbole. Songeons que la plupart des ponts et des axes routiers peuvent être minés en quelques heures : il suffit d'enfiler les charges explosives dans des trous spécialement aménagés lors de leur construction. La menace militaire a été constamment privilégiée sur la préparation de la paix.

Rien, dans ses réflexes, dans sa culture, ne préparait la Suisse à affronter comme péril son incertitude identitaire.

Il faut s'y résoudre : la Suisse musée, dysneylandisée, modélisée, réduite à une carte postale ne peut exister qu'à l'état d'objet kitsch. Fruits de la mondialisation, du décloisonnement des marchés, du libéralisme débridé, les pressions pour le changement sont trop fortes pour elle. C'est le passage à une nouvelle ère, à une nouvelle organisation économique, à une nouvelle philosophie des rapports sociaux et des modes de productions : aucune société occidentale n'échappe à ce mouvement qui pulvérise l'homogénéité sociale, sape les bases de la solidarité et de l'État providence et pose en creux la question du politique et de l'identité nationale. Avec une force redoublée en Suisse. Car elle ne peut se reposer, comme la France, l'Allemagne, l'Italie ou la Grande-Bretagne, sur une langue ou une culture devenue commune. En ce sens, la Suisse est placée par sa diversité culturelle aux avant-postes d'une réflexion qui n'épargnera pas l'Union européenne, confrontée à la difficulté d'injecter de la démocratie « venue du bas » dans des sociétés désormais multiculturelles. Qu'elle le veuille ou non, les réponses qui seront apportées en Suisse auront une valeur anticipatrice pour le reste de l'Europe.

Le défi lancé à la société suisse, c'est de rompre définitivement avec une certaine conception d'elle-même, cristallisée lors de la Seconde Guerre mondiale. Pour y parvenir, elle ne peut faire l'économie d'un travail de mémoire sur son histoire et son identité. Pour que la Suisse sorte d'une société marquée du sceau de l'exceptionnalité, il est nécessaire de reconnaître cette exceptionnalité pour ce qu'elle est aujourd'hui : le principal handicap dans sa participation aux affaires de l'Europe et du monde. Car, ironie, la formule de Jaspers s'applique désormais à la Suisse, elle-même : elle doit choisir entre un projet collectif et le risque d'une lente déréliction. Entre l'helvétisation et la balkanisation.

Première Partie

1

Le discours à 7 milliards de francs

Ce mercredi 5 mars 1997, la surprise est totale. Le secret a été parfaitement gardé. Personne ne s'attend que le président de la Confédération helvétique, le très timoré Arnold Koller, annonce dans un message solennel au Parlement et, au-delà, à toute la nation, la création d'une « Fondation suisse de solidarité » dotée de sept milliards de francs suisses, dont les revenus serviront pour moitié à soulager en Suisse les cas de détresse humaine, et pour l'autre moitié à soutenir des œuvres d'aide aux victimes de la pauvreté, de catastrophes, de génocides partout dans le monde. Sans parler du soutien accordé aux survivants de la Shoah. Pour ces derniers, le fonds créé par les milieux économiques et les banques apportera une aide d'urgence. La Banque nationale suisse (BNS) y contribuera, annonce le président : « Le Conseil fédéral [le gouvernement] * appuie l'intention de la BNS de verser à ce fonds un montant de 100 millions de

* Les termes se référant au système institutionnel suisse (Conseil fédéral, conseiller fédéral, Département militaire fédéral...) ont été le plus souvent, dans le cours du texte, cités selon la terminologie traditionnelle — gouvernement, ministre, ministère de la Défense...

francs*. La stupeur est totale dans le pays et au Parlement. Ce sont, depuis la Seconde Guerre mondiale, les initiatives les plus radicales que le gouvernement suisse ait adoptées pour « purger » les années sombres de la guerre.

Jusqu'à la veille en fin d'après-midi, rien n'est encore définitivement joué. Les deux conseillers fédéraux socialistes, Ruth Dreifuss et Moritz Leuenberger, siègent au sein de leur groupe parlementaire lorsqu'ils sont appelés d'urgence pour une réunion spéciale du gouvernement. C'est alors que les sept ministres se mettent d'accord pour créer un tel fonds. Un responsable politique raconte : « Ils se sont accrochés à cette idée comme à une bouée de sauvetage. Ils y ont vu l'unique moyen de restaurer l'image de la Suisse, accusée d'avoir joué le rôle de profiteur de guerre et de receleur du IIIe Reich. »

De fait, la situation est préoccupante. Les menaces de non-renouvellement des licences bancaires et de boycott se précisent aux États-Unis, alors que les voisins de la Confédération observent un mutisme absolu. Une plainte collective de survivants de la Shoah, qui réclament dix à vingt milliards de dollars, est déposée contre l'UBS, la SBS et le Crédit Suisse. L'Allemagne, la France, l'Italie et la Grande-Bretagne se taisent toujours. La Suisse paie soudain le prix de son isolement politique, se découvre vulnérable, menacée de « waldheimisation »[1]. L'image de la Suisse se détériore. La conférence des ambassadeurs suisses avait signalé le danger en janvier 1997 : on assistait

* Toutes les sommes sont exprimées en francs suisses. L'ordre de grandeur est de 4 francs français pour un franc suisse.

à une dégradation de l'image de la Suisse dans les grands centres urbains aux États-Unis, en France et en Grande-Bretagne. Le déclencheur? Un épouvantable gâchis : l'affaire des fonds en déshérence est devenue la plus grave crise de politique internationale depuis des décennies, en même temps qu'un psychodrame national. Les grands médias occidentaux ont l'œil rivé dessus et, en Suisse, une large partie de l'opinion se crispe dangereusement.

La bombe avait explosé le 1er janvier 1997. Dans un entretien de fin de mandat, le président sortant, Jean-Pascal Delamuraz, avait accusé les organisations juives de « racket » et de « chantage », ironisant sur le fait qu'« à entendre certains, on avait l'impression qu'Auschwitz était en Suisse ». C'était implicitement affirmer que la Suisse ne portait aucune responsabilité dans le refoulement de dizaines de milliers de Juifs, parfois remis en main propre aux nazis, et qui avaient fini gazés dans les camps de la mort. Quelques jours plus tard, il se rétractera à demi, mais le mal est fait. Peu après, voilà qu'on apprenait qu'un vigile, Christoph Meili, employé par l'Union de Banques Suisses — le premier et le plus prestigieux établissement financier du pays — avait été licencié pour avoir découvert que la banque broyait des documents datant de l'époque de la guerre, en violation flagrante de la loi. L'UBS ne s'excuse pas. Elle parle d'« erreur » et attaque Christoph Meili en justice pour « violation du secret bancaire » : ostracisé, sous le coup de menaces de mort anonymes, ainsi que sa femme et ses deux enfants, Meili va devenir le premier réfugié politique suisse à demander l'asile aux États-Unis, et sera même entendu par le Sénat américain... Quelques mois plus tôt, Robert Studer, président du conseil d'administration de l'UBS, avait traité de « cacahouètes » les trente-huit millions de francs en déshérence retrouvés dans les banques suisses...

Pour sortir de la crise, le gouvernement a donc imaginé la création d'une fondation de solidarité. L'idée de mobiliser les réserves d'or a germé dans la tête de Hans Meyer, le président de la BNS. Il y voit en outre le moyen de mettre un terme à une politique de réserve d'or pléthorique et non rentable. L'or de la BNS offre un incomparable avantage politique, puisque les Suisses n'auront pas à puiser dans leurs poches, comme le soulignera Arnold Koller lors d'une allocution au style assez emberlificoté : « Au cas où cette idée de Fondation suisse de solidarité serait réalisée, le Conseil fédéral renoncerait définitivement à opérer dans ce contexte des versements prélevés sur l'argent des contribuables. » Symboliquement, le geste n'est pas sans bénéfices secondaires : en utilisant des lingots de sa banque centrale, la Suisse « paie » par là où elle a « péché » — c'est la BNS qui avait « lavé » l'or que les nazis avaient volé aux banques centrales des pays occupés et à leurs victimes.

Au sein de la BNS, un groupe de travail planche d'arrache-pied. Ce sont des journées folles. L'un des ministres, Kaspar Villiger, fait des cauchemars : « Je rêvais chaque nuit que je voyais, le matin, cette idée faire la une du *Blick* [le grand journal populaire] », confiera-t-il plus tard. De fait, même la cellule de crise des Affaires étrangères animée par l'ambassadeur Thomas Borer n'est au courant de rien. A l'approche du 5 mars, les événements s'accélèrent. Le 3 mars, la BNS adresse une note au gouvernement sur le fonctionnement du fonds. Le 4, les conseillers fédéraux décident d'aller de l'avant. Dans leur ultime discussion, les idées ne paraissent pas encore clairement établies. Kaspar Villiger, chaud partisan de ce fonds de solidarité, propose que douze milliards soient réservés uniquement à des causes humanitaires hors de Suisse. Le ministre de la Santé, Ruth Dreifuss, veut aussi que cela bouge : « Après les déclarations de Delamuraz, nous [les ministres] étions tous désireux de prévenir la répétition d'un tel événement. Le gouvernement a alors décidé que seul le nouveau président parlerait au nom de tous. Personne n'avait imaginé qu'il resterait muet si longtemps ! Or c'était le dernier moment pour reprendre l'initiative. » Mais le conseiller d'un ministre est proche de la syncope : « J'ai retenu mon ministre par la manche. J'avais cinq minutes, montre en main, pour le convaincre que la population allait descendre dans la rue, si elle réalisait qu'il existait une caverne d'Ali Baba remplie d'or disponible pour les étrangers, alors qu'on lui demandait de se serrer la ceinture. » Finalement, le montant est ramené à sept milliards, dont la moitié des revenus (environ 350 millions de francs au total) ira à des œuvres d'entraide suisse. Ce n'est que dans la nuit que l'ambassadeur Thomas Borer est mis dans la confidence.

C'est une règle inscrite dans le marbre que le gouvernement vient de faire sauter. Car il est acquis depuis des lustres que les réserves d'or de la BNS sont destinées à acheter des armes et des vivres en cas de guerre. Le Conseil fédéral a toujours refusé d'en faire un autre usage. Depuis des années, un député radical (centre droit), Peter Tschopp, ferraille contre cette politique qui laisse dormir un matelas de 2 600 tonnes d'or. « Des réserves hypertrophiées et anachroniques, une aberration économique », expliquait-il, ajoutant : « Chaque fois que je proposais de faire fructifier cet argent, le gouvernement se drapait dans sa dignité au point que j'avais l'impression que mon idée frisait l'indécence. » Une semaine avant l'allocution solennelle d'Arnold Koller, Peter Tschopp s'entend répondre que son idée « conduit à dilapider le patrimoine national ». Désormais, tant pis pour le patrimoine !...

La volte-face du Conseil fédéral est pain bénit pour les milieux populistes, qui se font un malin plaisir de dénoncer l'emprise étrangère sur le gouvernement. Le député Christoph Blocher, tête de proue de la droite nationaliste et populiste, s'exclame juste après le discours de Koller : « Le gouvernement est tombé sur la tête. Il se saisit des réserves d'or qui appartiennent à la nation pour régler l'affaire des fonds juifs... » A l'autre extrémité du spectre politique, Barbara Haering Binder, alors secrétaire général du Parti socialiste, s'inquiète : « Comment le Conseil fédéral peut-il tolérer un progressif démantèlement social, tout en proposant la création d'une fondation qui fera la charité aux plus pauvres ? »

La cellule de crise des Affaires étrangères, créée en novembre 1996 pour affronter la tempête médiatique née de l'affaire de l'or nazi, est effondrée. Ce n'est pas seulement la stupeur d'avoir été laissée dans l'ignorance, mais plutôt le sentiment que le gouvernement, pris de panique, a envoyé un électrochoc à son opinion publique sans l'y avoir préparée. A l'heure où les Suisses éprouvent leur vulnérabilité économique, l'apparition soudaine de lingots sortis des caves oubliées de la BNS va susciter beaucoup d'amertume. « Comment expliquer cela au peuple, alors que personne ne sait ce qu'il y aura dans cette fondation et comment elle va fonctionner ? »

Ces erreurs de « communication » sont d'autant plus inexcusables que cette initiative aurait pu séduire l'opinion publique suisse, si elle avait été portée par un discours généreux et convaincant. Or Arnold Koller a écarté un premier texte élaboré dans cet esprit. C'est qu'il ne souhaite pas procéder à un réel examen de conscience de la Suisse. Un proche du président raconte : « Vous ne voyez tout de même pas un Appenzellois parler comme de Gaulle ! » Il rédige donc la version définitive et passablement édulcorée du discours.

D'entrée de jeu, le président de la Confédération énonce l'objectif de son allocution : stopper la dégradation de l'image de la Suisse. Mais, sur le fond des choses, Arnold Koller se garde de trop heurter les partisans de Christoph Blocher et la génération de la « mobilisation générale » — la « Mob » — de 1939. Il précise les trois « idées phares » qui guideront le gouvernement « dans le face à face avec la Suisse de 1939-1945 » : la volonté de recherche de la vérité, la solidarité conforme « à notre tradition humanitaire » et l'équité. Arnold Koller se « couvre » de tous les côtés. Il rappelle que la Suisse, à l'époque, disposait d'une marge de manœuvre infime, tout en prenant la précaution d'ajouter : « Si l'on devait constater que certains responsables se sont montrés par trop accommodants, ont manqué de courage ou d'esprit de résistance là où ils pouvaient et devaient agir autrement, nous le regretterions profondément. » Au final, dans le discours du président de la Confédération si millimétriquement balancé pour ne choquer personne, il n'y a rien qui justifie la Fondation de solidarité — sorte d'objet humanitaire non identifié — hormis le poids des pressions internationales.

Arnold Koller se livre toutefois à une autocritique : « Nous nous sommes laissé surprendre. Nous avons réagi trop tard, pas toujours de manière appropriée et — si l'on considère le caractère extraordinaire des événements de la Seconde Guerre mondiale — sans prendre en compte avec assez de sensibilité le destin des victimes. »

La plupart des réactions sont mitigées et on redoute l'opinion publique qui, tôt ou tard, devra s'exprimer lors d'un référendum. Le Parti socialiste souligne qu'Arnold Koller n'a pas évoqué l'antisémitisme sévissant durant la guerre, ni le rôle de la place financière suisse, ni encore les enseignements à tirer en matière d'asile. Le président du Parti radical, Franz Steinegger, a trouvé « digne d'intérêt » la création d'une Fondation de solidarité, mais déclare que « sa création ne presse pas ». Au sein de la cellule de crise des Affaires étrangères, « on craint qu'avec la montée du chômage, la xénophobie et l'antisémitisme ne se développent ». Les diplomates se demandent comment expliquer à une opinion publique médusée que les autorités ne dilapident pas des milliards sous la pression des organisations juives, pas plus qu'elles ne tentent de se dédouaner en s'achetant une bonne conscience.

Que va-t-il se passer dans les mois qui suivent cette allocution solennelle? Sentant la crispation de l'opinion publique, le gouvernement suisse replonge dans le mutisme. Dans cet exécutif où le président n'a pas plus de pouvoir que les ministres, la décision a été prise à la majorité. C'est la peur qui gouverne à nouveau. Ruth Dreifuss constate : « Nous avions posé les bases de la Fondation de solidarité, mais une majorité au sein du gouvernement a renoncé à assumer le leadership du débat public, préférant confier l'élaboration du projet à deux groupes de travail. C'était offrir un boulevard aux adversaires de ce beau projet, en premier lieu à Christoph Blocher[2]. »

L'affaire des fonds en déshérence est cruelle, car elle souligne de manière impitoyable les carences de la culture politique suisse, traditionnellement masquées par les vertus du pragmatisme et l'amour du concret. Carences qui sont le mépris du politique, le refus de la réflexion abstraite, l'incompréhension devant la nature des enjeux, les divisions au sommet de l'État, la paralysie liée à la peur du conflit, la volonté d'échapper à la crise en fuyant ses responsabilités. Une culture que Gonzague de Reynold, l'intellectuel conservateur le plus respecté de l'époque, célébrait en 1939 dans *Défense et Illustration de l'esprit suisse* : « Le vieux fonds paysan du Suisse lui a donné le goût du concret, du tangible, des résultats, le sens et le goût de ce qui tient debout, de ce qui a trois dimensions ; en même temps, il lui a inspiré la méfiance des théories et même des idées[3]. »

Alors, l'affaire des fonds en déshérence, portée par le jeu d'une très forte médiatisation et d'une grande charge émotionnelle, tétanise un gouvernement dénué d'une « culture de crise », victime des pesanteurs traditionnelles. Un parlementaire note : « L'affaire des fonds en déshérence a révélé une triste vérité : le gouvernement ne dirige rien, y compris lui-même. Il est devenu inerte. Nous avons perdu l'habitude de penser et de décider. Notre société s'est amollie. Les neurones de notre cerveau se sont progressivement atrophiés et lorsque l'ascenseur est tombé en panne, nous avons subitement découvert que nos jambes ne nous portaient plus dans les escaliers. »

2

Le carnaval de la mémoire

Carnaval de Bâle, février 1997. Alors que l'aube se lève, les fantômes de la Shoah viennent hanter le pays. Révélateur du malaise qu'éprouve la population : une troupe de fifres a mis en scène Helvetia, cette déesse qui veille sur la Suisse et qui figure au dos des pièces de monnaie. Mais, dans le petit matin bâlois, la couleur incertaine de sa toge rappelle les haillons des victimes des camps de la mort, son bouclier frappé de la croix fédérale est maculé de sang, le visage des musiciens est recouvert du masque de la mort, un bonnet strié a remplacé le diadème posé sur ses cheveux blonds... Rarement image a capté de manière aussi brutale cette triangulation entre l'argent, la Suisse et les morts.

Ces silhouettes fantomatiques apparues à l'aube dans les rues bâloises semblent des ombres venues instruire le procès de la Suisse, plus d'un demi-siècle après la Seconde Guerre mondiale. Or ces années 1939-1945 touchent au cœur même de l'identité nationale. L'enjeu et la virulence des réactions liées à ce passé en témoignent. C'est le fondement mythologique d'une Suisse neutre et irréprochable qui est en quelque sorte miné par la seule évocation de la politique de refoulement de dizaines de milliers de réfugiés. C'est plus généralement la Seconde Guerre mondiale interprétée comme le point d'orgue de l'« exception politique suisse » qui est mise en péril, celle d'un pays qui s'est bâti contre les Habsbourg, contre Napoléon, contre Bismarck, contre les hégémonies des différentes puissances européennes, contre les fascistes italiens, contre Hitler, contre le communisme...

La presse internationale fustige désormais une nation « aux trottoirs propres, mais aux consciences sales ». Le *New York Times* se propose d'ouvrir « non seulement les comptes des banques suisses, mais les comptes moraux de la Suisse[4]. » Le 11 mai 1997, le *Los Angeles Times* affirme : « Avant, pendant et après la Seconde Guerre mondiale, la politique suisse était d'avoir une loi pour les nazis, une autre pour les Juifs. Compassion et même solidarité envers les criminels; mépris pour les victimes et indifférence en regard de leurs droits[5]. » Le même jour, le *Financial Times* écrit que « si la Suisse avait appliqué les mêmes règles strictes à l'entrée de l'argent étranger en Suisse » que face aux réfugiés, « les trois grandes banques suisses ne seraient pas si puissantes qu'elles le sont aujourd'hui »[6]. Ces accusations font écho au rapport demandé par le président américain Bill Clinton à son sous-secrétaire d'État au commerce, Stuart Eizenstat, qui vient d'être publié. Le haut fonctionnaire américain ne prend pas de gants : « La neutralité suisse fut un prétexte pour ignorer toute considération morale », déclare-t-il, et il accuse la Suisse d'avoir « contribué à prolonger la guerre[7] », provoquant par là même la mort de centaines de milliers, voire de millions de personnes, en étant le « banquier et médiateur financier de l'Allemagne nazie » et en « fournissant le matériel stratégique au IIIe Reich, tel que les armes, les munitions, l'aluminium, les machines, les locomotives[8] ».

Comme en France à l'occasion du procès Papon, des pans entiers du comportement de la société à l'époque de la guerre remontent à la surface[9]. Les médias internationaux se convainquent que derrière l'image bucolique de la Suisse, il y a de sombres mystères. Un épisode a valeur de symbole : en 1947, la Banque nationale suisse (BNS) avait frappé de nouvelles pièces d'or, appelées « vrenelis », parfois données en cadeau à des adolescents. La BNS a antidaté les vrenelis pour ne pas prendre en compte la dévaluation intervenue avant guerre. Mais placée dans le contexte de l'affaire des fonds en déshérence, cette manipulation numismatique fait planer l'« ombre des camps de la mort » sur l'argent suisse, le vreneli apparaît « marqué du sceau de la plus grande ignominie du siècle »[10]. D'autant que la rumeur, infirmée par les analyses, prétend qu'on y trouve des traces de plombage.

En revanche, le rapport du 25 mai 1998 de la commission d'historiens nommée par le gouvernement suisse reconnaîtra qu'une partie de l'or acquis par la Banque nationale suisse (BNS) provenait des camps d'extermination. Le rapport précise qu'en 1942, les directeurs de la BNS envisageaient même de refondre une partie du métal jaune livré par le IIIe Reich afin d'en dissimuler l'origine criminelle : « Ils n'ont pas compris quels crimes et quelles tragédies couvraient leurs discours, leurs engagements, leurs calculs, leurs mesquineries et leur assurance », note la commission d'historiens...

Mais ce rapport interviendra trop tard. L'opinion publique suisse s'est crispée. La publicité d'une firme pharmaceutique, vite retirée, dit : « Si l'affaire des fonds juifs vous donne mal aux dents, achetez notre médicament ». L'affaire des fonds en déshérence provoque chez beaucoup douleur et colère. Pourquoi, après un demi-siècle, ce passé resurgit-il ? Que nous veut-on, enfin ? Beaucoup de Suisses ne comprennent pas. D'autant que les pressions viennent des États-Unis, le « grand frère », une autre « nation créée par la volonté de l'homme », marquée par le protestantisme, l'individualisme, un moralisme farouche, le fédéralisme, l'anticommunisme, des divisions culturelles et religieuses, le sens d'une « mission spéciale » à accomplir — autant de traits communs avec la Suisse, qui se réunissent dans l'idée commune de patrie. Les pressions viennent aussi d'organisations juives. L'État hébreu est traditionnellement ressenti, lui aussi, comme un peuple frère. Comme la Suisse, l'État d'Israël est perçu comme une île, une forteresse assiégée protégée par une armée de citoyens-soldats qui se défend contre des hordes d'ennemis. Ce n'est qu'après la guerre de 1967 que le soutien de l'opinion publique est moins unanime, mais il demeure l'un des plus forts du monde occidental. Les relations entre les deux pays, y compris dans le domaine militaire, sont traditionnellement excellentes. Face aux Juifs, en revanche, la relation qu'entretiennent l'histoire et la mythologie helvétiques est infiniment plus complexe.

Sans que cela soit jamais dit, ni même peut-être conscient, il se joue, dans cet affrontement, une lutte entre deux peuples frappés du sceau de l'exceptionnalité. Deux peuples qui se vivent l'un au centre de l'histoire, l'autre en marge, mais tous deux ayant une destinée spéciale marquée par l'intervention de la providence. Car, en filigrane, la « question juive » dérange le sentiment d'« exceptionnalité » qu'ont prêché pendant des décennies les élites au peuple suisse. Cette vision de la Suisse se retrouve dans le flot de lettres souvent teintées d'antisémitisme (les plus virulentes ne sont pas publiées) qui parviennent aux rédactions des journaux sitôt les déclarations de Jean-Pascal Delamuraz. En dépit de l'ultérieure rétractation du président, la majorité des Suisses a pris parti. L'ex-président de la Confédération est désormais « le petit David affrontant le géant Goliath ». Un Goliath qu'incarnent les organisations juives « avec leur arrogance insupportable, leurs énormes puissance et influence internationales »[11] ? Le ton est quasi unanime même s'il est parfois cocassement alambiqué : « L'heure du respect a sonné, et il s'agit de remercier M. Delamuraz d'avoir tiré sur la corde de cette cloche qui risque de se briser de façon ignominieuse à force de subir les assauts des réactions de gens à la larme facile, à la langue de vipère bien aiguisée, aux réactions internationales moutonnières »... « Aujourd'hui, quelques agités aux motifs pas très clairs veulent exiger des règlements de comptes. Ces personnes ont attendu cinquante ans. Pourquoi ? »[12] « Je forme le vœu que les sournoises attaques extérieures raffermissent notre solidarité autour de nos autorités[13] »...

A cette rivalité implicite face au ciel s'ajoute le stéréotype de la cupidité face à l'argent qui frappe les deux peuples. Racine avait dit méchamment : « Point d'argent, point de Suisse. » D'autres ajoutent dans la même veine : « Sur les malheurs du monde, la Suisse a créé une banque. »

A travers cette polémique sur le passé où le fantasme le dispute parfois à la vérité des faits, c'est toute la représentation mythique de la Suisse qui est en cause. On assiste donc à un processus d'amnésie et de refoulement général, et plus précisément à une passion de l'ignorance. Pourquoi ? Parce que les accusations de Stuart Eizenstat et de la presse internationale ne font que reprendre, après la chape de plomb de la guerre froide, la mise au pilori de la Suisse par les Alliés entre 1943 et 1948. Ce sont les mêmes accusations. Celle d'une Suisse qui s'est enrichie sur les malheurs du monde en collaborant avec la barbarie nazie. Mais ces accusations avaient été « effacées » par la guerre froide, au profit de la mystique de la neutralité armée.

Force est de reconnaître que cet aveuglement volontaire sur le rôle de la Suisse a une généalogie, une histoire, des intérêts et des prolongements qui conditionnent encore le mode de comportement d'une partie de l'opinion publique suisse. A ce jour, dans la plupart des manuels scolaires, c'est cette version idéalisée de l'histoire qui est enseignée, célébrant la génération de la « Mob ». Dans le livre — qui a éduqué des générations d'écoliers — signé par l'ancien président de la Confédération, Georges-André Chevallaz, celui-ci écrit comme seule référence au refoulement d'au moins 30 000 réfugiés, synonyme de déportation et d'extermination, ces quelques lignes : « On déplorera que la police fédérale ait admis, pour des raisons pratiques, que la lettre “J” figurât en tête des passeports des personnes d'origine israélite[14]. » Or ce tampon « J » apposé sur les passeports des Juifs du Reich n'a pas seulement été « admis » par la police fédérale, il avait été créé par les nazis précisément à la demande insistante de la Confédération helvétique qui craignait un « enjuivement » du pays. Le discours de Marcel Pilet-Golaz, président de la Confédération qui, le 25 juin 1940, parle d'adaptation à un ordre nouveau non démocratique, est relégué au second plan : « C'est pour nous, Suisses, un profond soulagement de savoir que nos voisins s'acheminent vers la paix [...] L'Europe doit trouver son nouvel équilibre, très différent de l'ancien à n'en pas douter [...] Il faudra des décisions majeures. Et non pas des décisions longuement débattues, discutées, soupesées [...] des décisions à la fois réfléchies et promptes, prises d'autorité [...] Le temps est venu de la renaissance intérieure. »

Cette réécriture de l'histoire se traduit par la production de films de fiction, l'exposition nationale de 1964, des discours politiques qui modèlent une image conforme « aux valeurs suisses éternelles ». Il n'y a rien de concerté dans cette organisation de la mémoire. Pas de Machiavel, mais une perception largemment partagée, qui tend à exclure les opinions divergentes. Certains s'en émeuvent. En pure perte. La lecture d'un guide touristique français publié en 1947 est édifiante, car elle témoigne de la force d'« exportation » de l'« exception suisse » : « Nouveau venu sur le territoire helvétique, l'étranger s'étonne de respirer une atmosphère absolument particulière, et dont il cherche à déterminer le caractère : cet ordre, ce sérieux, cette coquetterie des villes et des villages, des fermes aux fenêtres fleuries ; cette propreté des locaux publics, ces drapeaux, ces écussons ; et puis ce calme des habitants, leur sourire, leur discipline, la conscience qu'ils manifestent en toutes occasions, l'honnêteté peinte sur leurs visages [...] Le Suisse est consciencieux, discipliné, fier de son pays, animé pour lui d'une tendresse exigeante et que la perfection seule peut satisfaire [15]. »

Pendant les décennies de la guerre froide, l'immense majorité des historiens ont intégré l'idéologie dominante.

Ils ont pérennisé la vision d'une Suisse héroïque durant la Seconde Guerre mondiale. Les plus rétifs sont bridés dans leur dimension critique — parfois sur intervention directe du gouvernement. Ceux qui ont risqué leur vie contre le nazisme sont ostracisés, voire condamnés après guerre. L'attitude d'une écrasante majorité de Suisses est d'adhérer à cette mythologie, alors qu'au fil des ans, une version moins « noble » des années de guerre s'est peu à peu constituée, mais sans jamais parvenir à s'enraciner. Les quelques ouvrages « dissidents » qui voient le jour sont produits hors du sérail universitaire — ceux de Maienberg, Mauroux, Kimche, Rings — et sont privés du sceau que confère une légitimité « académique ».

La mise en place d'une mémoire publique en fonction des impératifs du présent, dictés par la guerre froide, l'hégémonie américaine, la condamnation morale du nazisme, se retrouve dans toute l'Europe. La France crée l'image d'« une nation de résistants ». L'Allemagne insiste sur l'« heure zéro » pour marquer la rupture avec le IIIe Reich. La Suisse, elle, met en avant trois mythes : la résistance inébranlable, qui permet de dissimuler les réflexes antidémocratiques et l'attrait d'un régime autoritaire pour une partie de la droite; son humanité à travers l'action de la Croix-Rouge, qui masque l'écueil de la politique d'asile, et sa sagesse parmi les nations. Comme l'écrit Luc Van Dongen : « Au total, s'imposa une vision fière, satisfaite, dominée par la certitude d'avoir opté pour le juste milieu. En d'autres termes, la Suisse s'était montrée vaillante à chaque instant, elle avait préservé sa neutralité, son indépendance et ses valeurs démocratiques. De petites concessions avaient été inévitables, mais elle n'avait pas à rougir de son attitude. Et, grâce à sa sagesse, elle s'était gardée de toute forme d'extrémisme. Chacun avait rempli sa mission au poste qu'il occupait et la cohésion sociale avait, heureusement, été fortifiée [16]. »

Comme en Allemagne de l'Ouest, en France et dans les autres pays, le récit de la Seconde Guerre mondiale revêt une importance cruciale en Suisse. En forgeant une mémoire conforme à l'intérêt national, les autorités politiques se défendent pied à pied contre les accusations américaines et soviétiques d'avoir été les « banquiers de Hitler » et d'avoir prolongé la guerre. C'est le mythe d'une neutralité sans concession qui est voulue par les autorités et auquel vont adhérer des générations de Suisses. Le message est simple : en Europe, de l'Atlantique à l'Oural, la Suisse est restée le seul îlot démocratique devant la peste brune et a ouvert ses bras à 200 000 réfugiés [17]. Les divergences au sein du gouvernement — et entre le gouvernement, le chef de l'armée (le général Guisan) et les milieux économiques — sont gommées. C'est le petit État qui se défend contre les monstres. Dans l'après-guerre, toute atteinte à cette mythologie « d'une Suisse qui ne cède jamais » est interprétée comme une menace contre le pays tout entier. Pendant des décennies, les autorités vont tenter de mettre l'histoire au pas. L'époque et le climat politique intérieur se prêtent à cette version mythologisée. En politique intérieure, la règle du compromis et surtout l'arrivée au pouvoir dès 1943 d'un socialiste limitent le champ de manœuvre de la gauche qui ne va jamais s'employer, à l'exception du petit Parti communiste, à créer une mémoire alternative.

Ce qui est surprenant, c'est le fait que les témoins de l'époque aient accepté une vision des années de guerre que leur expérience personnelle contredisait. Le 28 février 1997, Bernard Froidevaux, ex-ouvrier horloger, adresse une lettre à un rédacteur du *Nouveau Quotidien* : « La Suisse travaillait pour les nazis. C'est vrai ! J'ai travaillé onze mois à l'entreprise Dixi au Locle en 1942 et 1943 et je n'en ai pas honte ! Il fallait manger, même si le pain était noir. Nous fabriquions des têtes de fusée, pour faire exploser les obus de la DCA à une altitude choisie. Deux officiers allemands, habillés en civil, contrôlaient la production. Nous n'avons pas eu de joie particulière à les voir partir pour le front russe au début 1943 [18]. » Étrange paradoxe : cet ancien ouvrier « scandalisé » par le ton critique de certains journaux démolit par ses souvenirs personnels la mythologie d'une Suisse résistante.

Pourtant, c'est cette version de l'histoire qui s'est imposée. A part les spécialistes, qui savait que la réinsertion économique et politique de la Confédération dans le système international d'après-guerre avait été menacée ? Que, entre 1943 et 1948, les Américains et les Soviétiques s'étaient déchaînés contre la Suisse, accusée de collaborer avec le IIIe Reich ? Au point que Staline avait glissé à Churchill : « Les Suisses sont des porcs [19] »... C'est ce passé qui a été occulté, ce passé lié au fait que, depuis l'effondrement de la France en mai 1940, la Suisse encerclée par les puissances de l'Axe avait collaboré économiquement avec les Allemands. En 1943, 80 pour cent des exportations suisses vers l'Allemagne sont composées de matériel militaire. Il s'agit de matériel de pointe que le IIIe Reich trouve difficilement ailleurs. Les Suisses font crédit aux nazis. Au nom de la défense de l'emploi, la gauche et les syndicats restent silencieux. En 1997, la commission Bergier, nommée par le Conseil fédéral en décembre 1996 pour faire la lumière sur l'histoire de la Suisse durant la guerre, estimera que 76 pour cent de l'« or nazi » a été « lavé » en Suisse, permettant d'acheter les minerais nécessaires à l'industrie d'armement du Reich : le manganèse, la bauxite, le chrome, le tungstène.

Au terme de la Seconde Guerre mondiale, l'économie suisse se retrouve en position de force, mais le pays est politiquement isolé du fait de ses relations trop proches avec le IIIe Reich. En juillet 1944, la diplomatie suisse présente aux Soviétiques un aide-mémoire demandant la normalisation des relations bilatérales. Violemment anticommunistes depuis la prise de pouvoir par Lénine en 1917, les Suisses n'avaient jamais voulu reconnaître l'URSS. Mais les rapports de force internationaux ont changé. La réponse de Moscou claque sèchement le 1er novembre 1944 : « Le gouvernement suisse, violant ses vieilles traditions démocratiques, a poursuivi pendant de nombreuses années une politique profasciste envers l'Union soviétique, qui, avec d'autres pays démocratiques, est en train de combattre l'Allemagne hitlérienne dans l'intérêt des peuples épris de paix[20]. »

Devant l'obstacle qu'il constitue à la normalisation des relations avec l'URSS, le ministre des Affaires étrangères, Pilet-Golaz, démissionne — à la grande déception des dignitaires nazis, si l'on en croit l'ambassadeur suisse à Berlin, Hans Frölicher, qui écrit au ministre démissionnaire, le 20 novembre 1944 : « A ce que j'entends, on regrette vivement votre démission au quartier général du Führer aussi. Certes, on connaît bien là-bas votre point de vue sur le national-socialisme et sur les conséquences qu'une victoire de l'Allemagne aurait eues sur notre pays.

Mais, la situation de guerre s'étant modifiée, on sait apprécier aujourd'hui la ligne droite de la politique suisse de neutralité[21]. »

Fâchés, justement, d'une politique de neutralité qu'ils tiennent pour « hypocrite », alors que leurs *boys* se font tuer dès 1941 pour défendre la liberté en Europe, les États-Unis ont pris des mesures de rétorsion. Dès 1942, ils bloquent les avoirs suisses aux États-Unis. Dans le second semestre 1944, de violentes campagnes de presse accusent la Suisse de collaboration avec l'Allemagne. Mi-janvier, le président Roosevelt écrit personnellement au Conseil fédéral : « La fortune de la guerre a maintenant tourné. Nous sommes actuellement dans une meilleure position pour venir au-devant de vos besoins les plus urgents et pour défendre vos libertés si elles étaient menacées. Dans ces circonstances, je sais que vous serez heureux de retirer toute votre aide ultérieure aux nazis. » Berne refuse d'entendre. Fin février, l'énergie électrique est encore exportée vers les usines nazies. La ligne du Gothard fonctionne à plein rendement et apporte un précieux soutien à une armée allemande aux abois, lui permettant de mieux résister aux troupes alliées. Les banquiers continuent de faire des affaires jusque dans les tout derniers jours de la guerre. Quand une mission alliée débarque en Suisse pour négocier en février-mars 1945, après la conférence de Yalta, la fin des livraisons d'armes à l'Allemagne nazie, les Suisses temporisent.

De Gaulle, pour sa part, n'apprécie guère les autorités suisses. Il n'a pas oublié la phrase du conseiller fédéral Pilet-Golaz du 30 mars 1944. Celui-ci avait évoqué la résistance française comme « des comités, des mouvements, parallèles ou opposés, dont la situation, non seulement en droit, mais aussi en fait, n'est pas exactement définie... ». En été 1944, la Suisse a reconnu l'accréditation de Paul Morand, vichyste notoire, comme ambassadeur de France à Berne, alors que la France de la résistance est sur le point de prendre le pouvoir. Berne n'arrange pas les choses en proposant de nouveau Walter Stucki, l'ami de Pétain, comme ambassadeur à Paris. La frontière franco-suisse est hermétiquement fermée de novembre 1944 à février 1945. Seul réconfort pour la Suisse : la Grande-Bretagne, dont l'économie est à genoux, qui manque cruellement de crédits et qui redoute de voir le nationalisme juif s'intensifier en Palestine et provoquer de sanglants troubles contre la présence des soldats de Sa Gracieuse Majesté, puissance mandatrice. En Suisse, Winston Churchill prononce des paroles qui vont constituer la première ligne de front contre les attaques de l'extérieur : « De tous les neutres, la Suisse a le plus grand droit aux éloges [...] Quelle importance si elle n'a pu nous accorder les avantages commerciaux que nous souhaitions ou si elle a trop donné aux Allemands, pour survivre ! C'était un pays démocratique qui a défendu ses libertés de ses montagnes[22]. » La visite de Churchill a été financée par des industriels dont certains ont activement collaboré avec la machine de guerre nazie, utilisant dans leurs filiales installées sur le territoire du Reich de la main-d'œuvre forcée, essentiellement des Ukrainiens et des Russes, soumis à d'épouvantables conditions.

William Rappard, qui mène la délégation suisse dans les négociations économiques avec les alliés au début de 1945, décrit l'isolement du pays : « L'un des grands vainqueurs de demain [l'Union soviétique] a fait à la Suisse un affront qui n'a pas son pareil dans les annales de la diplomatie suisse. Les deux autres [les États-Unis et la Grande-Bretagne] ont observé à l'égard de ce pays une réserve marquée, assortie d'un régime fort rapproché d'un blocus. Pour ce qui concerne la France, le seul pays voisin de la Suisse dont la voix pourra se faire entendre lors des négociations de paix, il suffit de dire qu'on ne se montre à Paris aucunement impatient de renouer des relations commerciales normales avec nous[23]. »

Confronté au risque d'isolement politique, le gouvernement suisse fait bloc, et le peuple, largement tenu dans l'ignorance quant à l'étroitesse des liens économiques avec le IIIe Reich, adhère à ce discours gouvernemental. Certains intellectuels s'en démarquent et se montrent critiques mais ils ne sont pas écoutés. Tous ceux qu'on suspecte d'être « trop » marqués à gauche sont marginalisés, traités de « naïfs » ou, pire, de crypto-communistes, et sont peu entendus. Les banquiers suisses sont mis sous pression par les Américains. Tant qu'ils le peuvent, ils s'en tiennent à une stratégie d'occultation, qui bénéficie de l'adhésion d'un peuple inquiet face à l'avenir. A la conférence de Washington de 1946, les négociateurs suisses se battent sur chaque virgule, nient certaines transactions en or réalisées pendant la guerre, essaient d'enliser leurs interlocuteurs sur des points de détail. Et gagnent, « à l'usure ».

En fin de compte, la guerre froide va sauver la Confédération helvétique du règlement de comptes, alors que se met en place une mémoire officielle qui ancre l'idée d'une farouche neutralité suisse défendue, les armes à la main, par des citoyens-soldats.

Succédant à Pilet-Golaz au gouvernement, Max Petitpierre constate que « la notion de neutralité était plus ou moins considérée comme un péché ». Lui-même n'est pas un partisan convaincu du Sonderfall. Sachant le principe de la « neutralité armée » incontournable, il souhaite le modifier en défendant le triptyque « neutralité-solidarité-universalité ». Il estime que son pays doit participer plus que les autres à des actions de coopération et de solidarité en faveur des pays détruits par la guerre. Quarante-sept ans plus tard, en butte encore une fois aux attaques étrangères, le gouvernement suisse réitère sa stratégie humanitaire pour déserrer l'étau des pressions. Du « Don suisse pour les victimes de la guerre » en 1945, on passera à la « Fondation de solidarité » en 1997.

Dans l'après-guerre, la stratégie d'ouverture humanitaire de Max Petitpierre s'était heurtée au conservatisme d'autres conseillers fédéraux. Lorsque les Américains proposent le plan Marshall, le gouvernement suisse est divisé. Dans son discours du 5 juin 1947 à Harvard, le secrétaire d'État américain Marshall lance : « Notre politique n'est dirigée contre aucun pays, ni aucune doctrine, mais contre la faim, la pauvreté, le désespoir et le chaos. » Petitpierre y voit un parfait outil d'intégration de la Suisse. Il sait que le temps est compté : le plan Marshall est ouvert à tous les pays, y compris à ceux du bloc communiste. La Suisse neutre peut donc y adhérer. Mais les Soviétiques s'apprêtent à le refuser, ce qui ruinerait toute possibilité de participation helvétique. La proposition américaine apparaîtrait en effet comme un pur instrument politique du camp occidental, et donc fermée à la Suisse. Tirant parti de cette ouverture, le ministre suisse des Affaires étrangères brusque les fortes réticences de certains de ses collègues pour accepter le plan Marshall. La course de vitesse est finalement gagnée : la

Confédération adhère en 1948 à l'OECE (Organisation européenne de coopération économique), instrument collectif d'application du plan Marshall visant à la reconstruction de l'Europe, avant le refus soviétique. Elle est même le seul pays européen qui verse des subventions et n'en reçoit pas — mais c'est son ticket de retour dans la respectabilité.

C'est un remarquable succès pour la diplomatie suisse. Le paradoxe tient au fait que ce succès a tenu davantage à un concours de circonstances et à une dynamique interne au gouvernement qu'à une action mûrement réfléchie du Conseil fédéral. Jadis paria, le pays va désormais exporter l'image du « modèle helvétique ». Le monde y voit rapidement une utopie incarnée. Un coin de terre où les passions sont contenues, créant une oasis de paix et de prospérité. La Suisse paiera avec retard le mythe qu'elle était si bien parvenue à exporter, l'image idéalisée à laquelle elle a tellement cru, et qu'elle a su faire partager. D'aucuns trouvent sans doute une joie un peu cruelle à démolir cet élève exemplaire dans l'école des nations, celui qui se donnait en exemple de pureté, de probité, d'exemplarité.

Reste que la mystique de la neutralité armée, de l'isolationnisme, de la méfiance de l'étranger va avoir un impact désastreux pour l'avenir, justifiant l'opinion publique suisse dans sa conviction qu'il vaut mieux se retirer des affaires du monde.

3

L'invention de la mémoire

Dans le film *Le Troisième Homme*, Orson Welles et Graham Greene affirment que l'invention du coucou suisse est la seule contribution de la Confédération helvétique à la culture occidentale en des siècles d'histoire. Pour injuste qu'elle soit, cette repartie témoigne du mythe complaisamment véhiculé : la Suisse, marquée par sa singularité, échapperait à l'histoire. C'est évidemment une absurdité : elle a fait les choix politiques même si ce sont ceux de l'immobilité. Alors que dans la plupart des pays occidentaux, la fin de la guerre marque le développement des droits démocratiques — notamment le vote des femmes — et un renouvellement de la classe politique, en Suisse ce sont souvent les mêmes hommes, imprégnés de l'idéologie de la « démocratie autoritaire », selon la formule de l'historien officiel Edgar Bonjour, qui restent au pouvoir. Eduard von Steiger, l'auteur de la formule « La barque est pleine » — le 30 août 1942, il avait déclaré : « Lorsqu'on a le commandement d'une embarcation de sauvetage déjà lourdement chargée, ayant une faible capacité et pourvue d'une quantité limitée de vivres et que les milliers de victimes d'une catastrophe maritime appellent à l'aide, il faut savoir se donner l'air d'être dur si l'on ne peut pas prendre tout le monde à bord. Mais c'est encore se montrer humain que de mettre en garde à temps contre les espérances trompeuses et d'essayer de sauver ceux que l'on a déjà accueillis » —, reste au pouvoir jusqu'en 1951. Lorsqu'il avait prononcé ces paroles, il n'y avait que 8 300 réfugiés en Suisse. Heinrich Rothmund, l'applicateur zélé de la politique de refoulement, est provisoirement relégué, dans l'après-guerre, à l'Organisation internationale des réfugiés... avant de reprendre son poste de directeur à la police des étrangers deux ans plus tard. Philipp Etter, qui siégeait au sein du Comité international de la Croix-Rouge, s'était prononcé le 14 octobre 1942, lors de la séance plénière, contre un projet d'interpellation des autorités allemandes au sujet de l'extermination des Juifs, craignant qu'un tel appel ne soit interprété comme un « manquement à l'impartialité[24] » : il reste au Conseil fédéral pendant trente-cinq ans, jusqu'à sa retraite en 1959.

Dans l'immédiat après-guerre, la bonne conscience triomphe. Dans l'ouvrage *La Suisse en armes 1939-1945*, livre collectif préfacé par le président de la Confédération helvétique et auquel participent plusieurs conseillers fédéraux, il est écrit : « Les cas de tous les réfugiés ont été examinés avec la plus grande conscience. Certes, la tâche ne fut pas toujours facile, et maintes décisions pénibles et lourdes de responsabilité durent être prises. Néanmoins, grâce à une étroite collaboration entre autorités civiles et militaires, on a pu mettre sur pied un système permettant de laisser entrer tous les êtres en danger et de repousser toutes les personnes indignes du droit d'asile[25]. »

Ce sont ces mêmes hommes qui « organisent » la mémoire officielle d'une Suisse neutre et indépendante. Dans cette reconstruction idéalisée du passé, il y a la conviction que la Suisse doit se défendre face aux accusations de l'étranger et qu'il est donc nécessaire de ne donner aucune prise à l'adversaire. Le chef de l'armée, le général Guisan, redoute une vague de pacifisme identique à celle qui avait suivi la Première Guerre mondiale. Il tente de modeler la conscience collective. Le 8 mai, dernier jour de la guerre, il adresse ce message à ses soldats : « Cette armée est notre sauvegarde [...]. Il faut, soldat, que tu ne l'oublies pas [...] » Le 19 août 1945, sur la place fédérale à Berne, a lieu un « hommage aux drapeaux ». Guisan enfonce le clou : « Nous avons fait une expérience dont le souvenir ne doit pas s'effacer de notre mémoire. »

Dans ce processus de mythologisation de la Suisse neutre, prête à résister autour du réduit national, les autorités sont unies, en dépit des rivalités de personnes. Une lecture de l'histoire de la guerre s'impose : les politiques ont vacillé un moment en 1940, puis se sont repris, mais l'armée n'a jamais succombé aux sirènes de l'« ordre nouveau ». Les traîtres, une poignée d'extrémistes de droite, ont été jugés, et le « défaitiste » au sein du Conseil fédéral, le ministre des Affaires étrangères Pilet-Golaz, a démissionné sous les applaudissements du Parlement. Bref, l'histoire officielle construit une vision satisfaite de la conduite de la Suisse durant la guerre. Pendant un demi-siècle, elle n'en démordra pas. Que ce soit dans la figure de « héros » qui, par leur personnalité hors norme, tracent les contours du bien et du mal, que ce soit par l'image de la Suisse dans les films, que ce soit encore par le travail des historiens, c'est cette vision d'une

Suisse neutre et résistante qui triomphe. Quant aux « gêneurs », ceux qui ont fait des choix « éthiques » qui ne correspondaient pas à la politique des autorités, ils seront sanctionnés.

Aimée Stitelmann fouille dans sa mémoire pour se rappeler ses deux procès. Alors âgée de seize ans, au péril de sa vie, cette adolescente établie à Genève et possédant les nationalités suisse et française a fait franchir la frontière à des enfants juifs dont les parents ont été déportés. On lui confie des enfants et elle organise des filières depuis Lyon. Elle est aussi en contact avec d'autres passeurs, dont le révérend Favre qui sera fusillé par la Gestapo le 16 juillet 1944. A deux reprises, Aimée Stitelmann se fait prendre. « Par chance, c'était par des soldats suisses. Sinon, je serais morte depuis longtemps », raconte-t-elle. Les deux fois, elle est jugée. La seconde fois, c'est en 1945. Hitler s'est suicidé depuis quelques jours dans son bunker. L'armistice a été signé le 8 mai. La guerre est finie. Le 12 mai, Aimée Stitelmann reçoit pourtant une lettre de la justice militaire signée du capitaine J. Baumgartner, juge d'instruction du tribunal territorial 1. Il l'informe qu'« une enquête pénale a été ouverte contre [elle] pour assistance à passage clandestin de frontière » et qu'elle a « jusqu'au 20 mai » pour choisir un défenseur et demander communication du dossier. Le 11 juillet à 16 heures — plus de deux mois après la fin de la guerre, alors que le monde, en état de choc, regarde les premiers reportages sur les camps de la mort —, Aimée Stitelmann comparaît devant le tribunal qui siège à l'école des Pervenches à Carouge[26].

Son avocat, Me Haymann, souligne que sa cliente n'a jamais agi par esprit de lucre, mais qu'elle était animée d'un souci de solidarité et d'humanité, ajoutant que ce sont des gens semblables qui sont devenus des résistants dans d'autres pays. Le président du tribunal lui demande plusieurs fois si elle est communiste. « Je ne savais même pas ce qu'était le communisme à l'époque. Tout ce que je connaissais, c'étaient les rafles à Lyon et la peur de ceux qui y avaient échappé jusque-là [27] », raconte-t-elle. Verdict ? Quinze jours de prison. Aimée Stitelmann en a déjà purgé davantage en préventive. Dans l'immédiat après-guerre, le fait d'avoir mis sa propre vie en péril pour sauver des enfants de la mort est passible de prison.

Anonymes comme Aimée Stitelmann ou non, la Suisse n'a pas reconnu ses héros. Le plus troublant, le plus choquant, c'est que cette politique — car il s'agit bien de cela — n'a pratiquement pas varié jusqu'en 1995. Les artisans de la politique de refoulement restent paisiblement au pouvoir jusqu'à leur retraite. Mieux, ce sont eux qui prétendent avoir contribué à « sauver » la démocratie suisse du danger hitlérien. L'histoire officielle passe complaisamment sur le fait qu'un certain nombre ont été un moment séduits par l'« ordre nouveau » ou animés d'un antisémitisme virulent, comme Heinrich Rothmund, chef de la police des étrangers, qui visita même un camp de concentration... Ceux qui ont transgressé la loi par humanité sont assimilés à une bande de communistes ou à des profiteurs économiques.

La permanence du pouvoir politique en Suisse fait que les « bénéficiaires » de la mythologie « résistancialiste » sont les autorités et la population. Ce qui, logiquement, pousse à exclure ceux et celles qui ont démenti cette version des faits entre 1939 et 1945 par leur engagement humanitaire ou politique. Acquitter Aimée Stitelmann serait implicitement revenu à accuser le gouvernement de l'époque d'avoir fait les mauvais choix. Ce serait admettre que la politique de « la barque est pleine » adoptée par les autorités était une terrible erreur. Ce serait reconnaître que tous les hommes et les femmes qui ont fait un « choix éthique » — et qui ont été punis pour cela — avaient en fait raison contre les Rothmund, les von Steiger, les Etter... Alors que le reste de l'Europe occidentale d'après-guerre va reconnaître le courage de ceux qui ont sauvé des vies en défiant la barbarie nazie, la Suisse officielle prend l'initiative de les traiter en parias.

Dans l'élan de la guerre froide, les Américains ne font pas le détail. L'Allemagne est divisée, occupée à l'Est par les troupes soviétiques, la France et l'Italie ont un parti communiste puissant, l'Autriche est militairement et politiquement faible. La Suisse en revanche est entièrement acquise aux thèses de l'Alliance atlantique. Son armée est l'une des plus fortes du continent. Son potentiel industriel est intact ; sa place financière, l'une des premières. Alors ce ne sont que vétilles pour les États-Unis — qui du reste sont loin d'être un modèle de morale en matière de relations internationales — si l'élite politique suisse polit indûment l'image de l'« exception suisse » et de sa farouche neutralité armée durant la Seconde Guerre mondiale.

Il faut attendre 1995 pour que la Suisse officielle réhabilite ces êtres d'exception qui ont sauvé la « conscience » de la Suisse. Le mérite en revient au président d'alors, Kaspar Villiger. Il affirme devant les chambres fédérales : « De nombreux citoyens suisses ont contribué à sauver des milliers de réfugiés juifs, n'ignorant pas les conséquences qu'ils en subiraient sur le plan personnel.

Quelques-uns furent même condamnés pour cela ! Ces personnes furent guidées par des valeurs éthiques qui constituèrent par la suite la base du droit d'asile international et suisse. De nombreuses années après, nous ne pouvons plus corriger des jugements qui paraissent inconcevables à notre époque. Mais nous pouvons accorder aux personnes concernées la reconnaissance morale qui leur revient[28]. »

Ainsi, il aura fallu attendre 1995 pour que Carl Lutz, décédé en 1975, consul général à Budapest durant la guerre et qui a sauvé des milliers de Juifs, soit reconnu. En 1962, dans un rapport adressé au conseiller national Willy Sauer, il exprimait sa détresse d'avoir été pénalisé dans sa carrière pour ses actions de sauvetage : il ne touchait qu'une misérable pension de 1200 francs à sa retraite. L'administration refusa de lui rembourser ses biens perdus. C'est un écrivain français, Gilbert Joseph, qui, enquêtant sur le Suédois Raoul Wallenberg, a fait connaître au grand public l'action de Lutz. Il l'a racontée dans un livre publié en 1982. Alors qu'Eichmann préparait l'extermination des 600 000 Juifs hongrois, une vingtaine de Suisses et de Suédois ont tenté un sauvetage. Lutz a distribué des milliers de lettres de protection au nom de la Suisse. Il a peut-être sauvé jusqu'à 50 000 personnes, mais ses chefs ne l'avaient mandaté que pour secourir 300 Juifs, dont la liste avait été soigneusement établie à Berne. Gilbert Joseph écrit : « Pour certains hauts fonctionnaires suisses, Carl Lutz avait désobéi. Son action humanitaire ne lui valut aucun témoignage d'estime, aucune distinction de la part des autorités suisses[29]. »

La Suisse l'oublie, mais Lutz est décoré par l'Allemagne fédérale, honoré par la commission des Justes israélienne. Il reçoit une lettre, en 1948, du gouvernement communiste hongrois : « La protection, l'aide et le secours que vous avez prêtés, à vos propres risques et périls, avec un dévouement admirable, ont sauvé des milliers d'êtres d'une fin barbare et indigne[30]. » En 1991, un monument à sa mémoire est inauguré à Budapest. Mais, en novembre 1997, l'ambassadeur suisse à Budapest boude ostensiblement un séminaire sur la Shoah et la Hongrie organisé par Pro Helvetia, et où l'action de Lutz est célébrée.

Autre héros méconnu, Friedrich Born, du Comité international de la Croix-Rouge, qui place sous sa protection des milliers de persécutés et des institutions religieuses, hospitalières, sociales, tente d'assurer le ravitaillement du ghetto de Budapest et s'oppose à la déportation massive dans des ghettos de province, où la survie était encore plus difficile. Il travaille avec Wallenberg qui disparaît et devient un mythe. Born est oublié. Le 2 juin 1987, un arbre est planté à sa mémoire à Jérusalem, au mémorial juif de Yad Vashem. Une plaque est posée en 1994 à Budapest : le CICR n'assistait pas à la cérémonie.

Autre héros du CICR, Louis Haefliger. Pour éviter que les survivants du camp de Mauthausen ne soient liquidés par les SS avant l'arrivée des troupes alliées, il négocie avec certains chefs SS, puis part à la recherche des Américains et revient dans le premier blindé jusqu'au camp qui sera libéré sans perte. Suite à cet exploit, il reçoit des remontrances du CICR qui lui reproche ses initiatives... Maurice Rossel, chef de délégation du CICR à Berlin, a été, lui, l'un des seuls étrangers à avoir visité

Auschwitz et Teresienstadt. Mais il ne voit rien, n'entend rien, critique même les victimes pour leur passivité — et ne sera jamais sanctionné pour son aveuglement...

Outre Born et Haefliger, ces héros oubliés, il y en a des milliers d'autres, inconnus ou devenus célèbres après leur mort, qui n'ont eu droit qu'à une reconnaissance tardive. Ainsi Paul Grüninger, décédé en 1972, qui en tant que chef de la police saint-galloise avait sauvé 2 000 à 3 000 Juifs fuyant le nazisme après l'Anschluss. Démis de ses fonctions à la fin de 1938, il est renvoyé de son appartement de fonction, mis au ban de la société, obligé pour survivre d'exercer mille petits métiers. Le plus stupéfiant, c'est qu'à cinq reprises, des tentatives de réhabilitation sont entreprises dans l'après-guerre. En vain. Les autorités saint-galloises tentent même, en 1970, d'intimider la télévision suisse alémanique qui projette un reportage pour ne pas voir leur image écornée. Il faut attendre que la presse internationale se mobilise en 1995, et qu'une pléthore de ses représentants assiste à la dernière tentative de réhabilitation pour qu'enfin le courage de Grüninger soit reconnu...

4

La légende dorée

La culture suisse a été une arme essentielle dans la guerre d'abord, puis dans l'après-guerre, pour défendre aussi bien la cohésion du pays que les intérêts nationaux. L'image de la neutralité de la Suisse et de sa fonction humanitaire est devenue un capital inestimable, à défendre coûte que coûte face aux pressions de l'étranger. C'est toutefois sur fond de fragilité que cette mystique de la neutralité armée s'impose, à coups de pressions et parfois de censure, jusque dans les années soixante. Les films de fiction n'y échappent pas plus que le travail des historiens. Tel est le résultat, dans le domaine culturel, d'une politique officielle qui a condamné Aimée Stitelmann, Paul Grüninger... Cette version expurgée de l'histoire suisse qui se met en place résulte-t-elle d'une manipulation sciemment organisée? Ou faut-il plutôt y voir à l'œuvre une idéologie dominante guidée par la peur, qui a en quelque sorte conditionné, à leur insu, les réflexes de censure des autorités? La vérité participe des deux hypothèses à la fois. On constate, sur des points précis, un volontarisme politique des autorités visant à conserver une image héroïque de la Suisse. En revanche, il n'y a jamais eu ni dessein d'ensemble, ni « tireurs de marionnettes ». Au demeurant, la seconde hypothèse n'est guère plus rassurante que la première. En effet, si ce processus de réécriture historique s'est produit sans concertation organisée, sans réelle intention des autorités, cela signifie que les décisions n'ont pas été prises en fonction d'intérêts guidés par une lecture rationnelle de la réalité, mais par une mystique dont n'avaient même pas conscience leurs promoteurs.

A cet égard, le film *La Dernière Chance* est un extraordinaire révélateur. Dans un involontaire et imprévisible double saut périlleux, il échappe à la fois à ses auteurs, qui veulent en faire une œuvre de combat, et à ses censeurs du Conseil fédéral qui craignent toute remise en cause de la politique d'asile pendant la guerre. Ce film allait pourtant devenir l'outil de propagande le plus performant que le gouvernement suisse ait jamais eu entre les mains à la fin de la guerre.

Rien ne destinait *La Dernière Chance* à devenir un succès mondial. Longtemps, il sera l'un des seuls films suisses connus et cités dans les publications sur le cinéma. Il pèsera dans l'arène internationale et auprès de l'opinion publique plus que tous les autres films, livres, mémoires, déclarations et discours politiques, communiqués de presse... C'est ce film qui va le plus contribuer à glorifier l'image de la Suisse, et à desserrer l'étau des attaques soviétiques et américaines concernant l'attitude de la Confédération durant la guerre. Il sort dix-huit jours après la fin de la guerre, précédé, en avant-programme, par l'un des tout premiers reportages britanniques sur les camps de la mort.

Dès sa sortie, le général McLure exige l'achat du film [31] pour les zones d'occupation américaines en Allemagne et en Autriche ; les recettes collectées dans l'ancien Reich seront versées aux rescapés des camps de concentration. Le film obtient le grand prix de la critique new-yorkaise (National Board of Review Award) et le Globe d'or de la Hollywood Foreign Correspondents Association, le *New York Times* le classe dans les dix meilleurs films de 1946, et l'œuvre représente la Suisse au festival de Cannes de la même année. En octobre, *La Dernière Chance* obtient le Prix International de la Paix, décerné au réalisateur du film « qui peut le mieux servir la cause de la paix, lutter contre la dangereuse psychose de la guerre et resserrer les liens d'amitié entre les peuples »... En France, il reste quatre mois en exclusivité parisienne ; en Angleterre, la première a lieu en présence de la famille royale. Il passe ensuite en Italie, en Tchécoslovaquie, en Union soviétique, où des séances sont réservées à la nomenklatura, et enfin en Autriche, et même en Allemagne, où il déclenche des remous — à Düsseldorf, une partie de la salle applaudit lorsqu'elle voit à l'écran le vieux tailleur juif se faire abattre par un soldat allemand. Comprenant le parti qu'elles pouvaient tirer du film, les légations suisses à l'étranger profitent du passage de *La Dernière Chance* dans les différentes capitales mondiales pour organiser une projection spéciale à l'intention des autorités, du corps diplomatique, de la presse et des personnalités...

Toute l'ambiguïté du film, voire sa mystification, est résumée dans sa dernière scène : un petit groupe se mue, par la magie du cinéma, en une interminable colonne de réfugiés qui s'éloigne dans le fond d'une vallée helvétique enneigée. En voix *off*, on entend le commentaire suivant : « Ce ne sont que quelques-uns. Et pourtant il en passe des millions. Peut-être rentreront-ils? Oui, ils rentreront. » Cette ultime scène de *La Dernière Chance* projette de la Suisse l'image du refuge de tous les déshérités et sans-patrie. Tel n'était cependant pas le dessein des auteurs, Weschsler et Lindtberg, qui pensent au film dès 1943. Pour ces Juifs de gauche, ce long métrage est une dénonciation des terribles persécutions antisémites qui sont en train d'avoir lieu et il vise à faire prendre conscience à la population suisse des dangers mortels auxquels sont confrontés les réfugiés. L'histoire du film est encore plus révélatrice que le script lui-même, car elle offre un témoignage exemplaire des enjeux politiques et symboliques de la culture, et de l'attention scrupuleuse que les autorités suisses, au plus haut niveau, y prêtent.

La Dernière Chance raconte l'histoire de deux aviateurs, l'un britannique, l'autre américain — le lieutenant Halliday et le sergent Braddock —, qui se sont échappés d'un train à la faveur d'une attaque aérienne dans le nord de l'Italie et tentent de gagner la Suisse. Déguisés en civils, ils sont les témoins impuissants d'une déportation de Juifs. Leur fuite se poursuit jusqu'au pied des Alpes, lieu de passage vers la Suisse. Un prêtre les héberge, avec des réfugiés juifs. Mais l'aubergiste du village alerte les SS. Tous les hommes de la région sont fusillés, tandis que les réfugiés implorent les officiers anglo-saxons de les sauver et de les conduire vers la liberté. Ils acceptent. Lorsque la Suisse est en vue, un jeune réfugié, Bernard, se sacrifie, en attirant l'attention des Allemands. La plupart des autres réfugiés parviennent à la frontière suisse. Halliday, grièvement blessé pour avoir tenté de secourir un enfant mortellement touché, arrive agonisant au poste frontalier et intercède pour que les réfugiés soient acceptés en Suisse. Le lieutenant suisse refuse, puis explique longuement la situation par téléphone à Berne. Halliday meurt, mais son sacrifice n'aura pas été vain; les autorités helvétiques acceptent finalement d'ouvrir leurs portes. Le film se clôt donc sur l'image d'une interminable colonne de réfugiés qui avancent dans la neige vers le salut.

En 1944, lorsque Weschsler et Lindtberg proposent leur script, les autorités fédérales sont réticentes : elles ne veulent pas d'un sujet qui touche à la politique d'asile. Le 13 août 1942, la frontière avait été hermétiquement fermée, selon les instructions d'une circulaire confidentielle adressée aux directions cantonales de police déclarant que « ceux qui n'ont pris la fuite qu'en raison de leur race, les Juifs par exemple, ne doivent pas être considérés comme des réfugiés politiques ». Ils ne doivent donc pas être admis.

Ce contexte explique les objections qu'a soulevées l'idée du film proposé par David Weschsler et Leopold Lindtberg. Le conseiller fédéral von Steiger soupçonne Weschsler d'être un agent de propagande communiste. Les autorités politiques et militaires vont s'employer à torpiller le projet. Le Département politique, qui a étudié le script, lui reproche de développer une vision hostile à la Suisse, de ne pas mettre suffisamment en valeur le travail de la Croix-Rouge et des autres organisations humanitaires, et de ne pas montrer suffisamment clairement la neutralité helvétique. Le Département militaire interdit, pour des raisons stratégiques, le tournage dans la vallée de Magadino qui ne se trouve qu'à dix kilomètres de la frontière italienne. D'interminables négociations commencent... La fin de l'été 1944 approche. Le 24 août, le général de Gaulle entre dans Paris. Le 2 septembre, Bruxelles est délivrée. A la fin du mois, les Alliés sont aux portes du Reich. Mais le film n'avance pas, freiné par les obstacles bureaucratiques et politiques.

Weschsler rencontre une nouvelle fois le ministre de la Justice et de la Police et obtient enfin le feu vert pour tourner. Le tournage commence péniblement sous une triple surveillance militaire — aux frais de la maison de production qui est au bord de la faillite. Le 24 janvier 1945, la contre-offensive allemande dans les Ardennes échoue, mais le DMF (Département militaire fédéral) multiplie les tracasseries tout en accusant Weschsler, qui se plaint des obstacles au tournage, « d'être victime d'hallucinations qu'il doit à sa débordante fantaisie orientale ».

A la fin de février, les Alliés sont au bord du Rhin, les Soviétiques encerclent Breslau... et la police militaire suisse saisit le film (les trois quarts sont en boîte) et les négatifs. C'est cette fois l'aile germanophile de l'état-major, les colonels Wille et Däniker, qui en préconise la destruction, le film étant à leur sens incompatible avec la politique de neutralité de la Suisse : l'agresseur est montré (les Waffen SS et le mouchard fasciste), leurs crimes sont dénoncés (la déportation des Juifs, les représailles contre les partisans et la population civile). Nouvelle rencontre avec von Steiger qui accepte de rendre les bobines à condition que le Conseil fédéral visionne le film avant sa sortie en salle !

Le 9 mai 1945, le IIIe Reich capitule. Une projection de *La Dernière Chance* a lieu quelques jours plus tard en présence de von Steiger et de deux autres conseillers fédéraux, Philipp Etter et Karl Kobelt. Des représentants d'une commission de censure composée d'officiers supérieurs y assistent aussi. L'accueil est glacial. Von Steiger et Kobelt quittent la salle furieux et convoquent Boveri (un responsable du film qui remplace Weschsler, devenu persona non grata) au Palais fédéral. Il est accusé de ne pas avoir montré une image positive de la Suisse : n'y voit-on pas des héros anglo-saxons, de sympathiques Italiens — et un petit officier suisse qui, lui, s'escrime avec la bureaucratie fédérale ? Les deux conseillers fédéraux sont particulièrement mécontents du suspense au poste-frontière, qui laisse entendre que l'accueil des réfugiés n'allait pas de soi. « La scène et les dialogues ont pourtant déjà été considérablement adoucis », précisera l'anthologie du cinéma suisse. Cette scène sera encore considérablement écourtée. Pour couronner le tout, le film exaspère Eduard von Steiger et Karl Kobelt... parce qu'il ne rend pas justice à la médecine suisse, incapable de sauver l'Anglais blessé !

La discussion qui a lieu alors entre Boveri et le président de la Confédération est riche de sens, car elle touche à une question de fond : quelle est la manière la plus efficace de réhabiliter la Suisse, afin de l'insérer dans le nouveau système de l'après-guerre ? Deux points de vue s'affrontent. Boveri commence par rappeler l'hostilité de Roosevelt, qui estime que la Suisse a pris fait et cause pour l'Allemagne nazie. Il rappelle comment les exportations de matériel de guerre vers l'Axe, l'achat d'or allemand par la Banque nationale suisse, le transit des marchandises sur le territoire helvétique ont terni l'image de la Confédération. Boveri conclut sa démonstration sur ce point : en jouant sur l'accueil des réfugiés, le film rappellera que la Suisse a été un havre pour des milliers de persécutés et contrebalancera ainsi les pages moins glorieuses de la politique de « neutralité ». Von Steiger finit par se rendre à ses arguments. Le film peut sortir — et devient ce succès international que nul n'avait imaginé, contribuant à refaçonner l'image de la Suisse. Sans la modification des dialogues imposés par les autorités, le film aurait-il été un si efficace instrument de relations publiques ? Nul ne le sait. Les auteurs ne sont pas dupes. Weschsler, en 1963, dira « qu'il est encore trop tôt pour dire toute la vérité » et Lindtberg constatera : « L'histoire racontée par le film n'est qu'un innocent conte de fées comparée aux faits réels. » C'est « conte de fées » qui se met en place dans l'historiographie officielle. *La Dernière Chance* en est le prototype.

La censure contre les historiens

Dans le domaine historique, les autorités helvétiques exercent un jeu de pressions et d'obstructions à l'encontre des chercheurs. Ce n'est ni plus ni moins qu'un contrôle étatique sur la recherche qui va s'exercer pendant des décennies. De récentes études montrent que, dans les années cinquante, le gouvernement intervient à plusieurs reprises auprès de Londres et de Washington pour saboter le travail d'historiens indépendants. Exemple : en 1953, un étudiant en histoire veut étudier « la défense spirituelle de la Suisse » en se servant de la correspondance de la légation allemande à Berne, dont une copie se trouve déposée aux États-Unis. Avec l'aval de l'université de Berne, le ministère des Affaires étrangères alerte son ambassadeur à Washington et lui enjoint de tout faire pour empêcher ce gêneur d'accéder aux documents nazis saisis par les Alliés, allant jusqu'à lui demander d'invoquer « n'importe quel prétexte » auprès des Américains. Le courrier adressé à l'ambassade suisse à Washington est parfaitement explicite : « Il s'agirait en somme d'obtenir des autorités américaines une consigne qui ferait que [...] le matériel sur la Suisse ne soit transmis à aucun citoyen suisse, à moins d'une recommandation expresse du département fédéral politique[32]. » Les pressions sur les États-Unis seront couronnées de succès.

En 1958, les diplomates suisses demandent aux Britanniques de fermer aux chercheurs tout accès au passé de la Confédération. Mais Londres refuse. De toute manière, la censure n'est plus efficace désormais : les Allemands ont décidé de publier les archives de la guerre. Les autorités trouvent une nouvelle parade : elles nomment des « historiens de cour »[33]. En 1953, le Conseil fédéral commande au Pr Karl Ludwig une étude pour répondre à la publication, sous la houlette des Alliés, de documents diplomatiques allemands avérant que ce sont les Suisses qui ont demandé dès 1938 aux nazis d'apposer un tampon « J » sur les passeports des Juifs allemands (et autrichiens — mais l'Anschluss avait déjà eu lieu). Mauvaise surprise : le rapport Ludwig est sans complaisance. Autorisé à consulter les archives fédérales, Karl Ludwig, après des années de recherche, décrit avec précision le déroulement des négociations. Il montre clairement que la Suisse était, en l'occurrence, demanderesse :

en effet, un tel tampon allait contre l'intérêt des nazis dont la politique visait à l'époque à chasser les Juifs d'Allemagne avant d'en arriver, début 1942, à planifier leur extermination. Ludwig montre aussi clairement que l'accord secret entre Berne et Berlin comprenait une clause qui obligeait les Juifs suisses à se munir d'un visa pour se rendre en Allemagne, ce qui créait, *de facto*, des Suisses de seconde catégorie. Résultat : embarrassé, le gouvernement censure la diffusion du rapport. Il n'est pas publié, mais seulement imprimé et distribué au Palais fédéral[34].

Après 1968, cette chape de plomb est partiellement levée. Le film *La barque est pleine*, qui retrace les reconduites de Juifs à la frontière, donne lieu à de violentes polémiques et à des menaces sur les salles qui le présentent. Des historiens critiques commencent à se faire entendre, mais sont violemment pris à partie et marginalisés. Lorsque Hans Ulrich Jost écrit en 1983, dans la *Nouvelle Histoire de la Suisse et des Suisses*, qu'il « y avait notamment de l'or pris aux victimes des camps de concentration », le conseiller fédéral Georges-André Chevallaz le stigmatise à la télévision.

Tous les régimes ont eu la tentation de se bâtir une histoire à leur convenance, mais rares sont les pays qui y sont parvenus aussi efficacement que la Suisse. L'explication tient au consensus politique qui y règne. Fin 1943, les socialistes sont représentés au gouvernement pour la première fois. Après la défaite de l'Axe, ils seront amenés à jouer un rôle clef. Au regard de Staline qui avait traité le gouvernement suisse de « porc », des Américains qui s'en prennent à la collaboration économique avec les nazis, ils présentent une façade plus avenante. Avec une conséquence : leur abstention de toute critique explicite. « On a ligoté la gauche en l'associant au pouvoir », résume l'historien Jean-Claude Favez. Mais cette gauche a été consentante, car elle y trouvait sans doute aussi son intérêt. Pendant la guerre, les socialistes ont eu à cœur de montrer qu'ils n'étaient pas des « internationalistes », comme les en accusait la droite, et s'étaient aussi intéressés à l'économie de guerre via la défense de l'emploi, ce qui n'excluait pas totalement l'antisémitisme. Après guerre, la priorité socialiste est à la construction de l'État-providence, à la création d'une assurance-maternité (pas encore mise en place en 1998), à l'entrée d'un deuxième socialiste au Conseil fédéral. Résultat : à l'exception des communistes, au poids politique insignifiant, il n'y a pas eu de « contre-mémoire » portée par une grande famille politique puisque tous les grands partis participaient à l'exercice du pouvoir. L'espace politique a été enserré dans les consensus.

Max Frisch et Friedrich Dürrenmatt sont les figures de proue d'une autre Suisse et de son passé[35]. Dürrenmatt écrit : « Nous louons après coup notre propre courage, en oubliant ceux que nous avons sacrifiés, les Juifs refoulés à nos frontières sous prétexte qu'ils n'étaient pas des réfugiés politiques. Ils ont été tués hors de notre territoire. Nous avons les mains propres, et c'est notre honte[36]. » Mais ce n'est pas là une mémoire organisée. Ce sont des réflexions solitaires, qui recoupent celles d'autres d'individus, mais qui ne sont pas portées par une grande famille politique.

En 1965, le conseiller fédéral Traugott Wahlen affirme : « Que l'accès aux archives [des années 1939-1945] soit autorisé même aux plus sérieux historiens, je crois que c'est tout simplement impossible. » Mais la publication du livre de Jon Kimche, *Un général suisse contre Hitler, l'espionnage au service de la paix*, pousse le gouvernement suisse à confier à l'historien Edgar Bonjour la rédaction d'un rapport sur les relations internationales de la Suisse pendant la guerre. Lui seul se voit accorder, « à titre exceptionnel », l'accès aux documents datant de la guerre. Dix ans après le rapport Ludwig, le même scénario se répète. Bonjour égratigne la neutralité. C'est encore trop pour les autorités. Certains paragraphes trop gênants sont censurés et un tiers des documents qui devaient être publiés sont escamotés.

En décembre 1996, le gouvernement suisse a décidé de créer une commission d'historiens comprenant des étrangers afin de faire la lumière sur les années 1939-1945. Vont-ils aller jusqu'au bout de leur démarche ? Ou vont-ils se transformer, peu ou prou, en « historiens de cour » ? Dans un entretien, Jean-François Bergier, le président de cette commission, dénonce en octobre 1997 une « espèce de fronde » des milieux économiques qui rechignent à ouvrir leurs archives pour faire la lumière sur « la question des entreprises aryanisées et achetées par des Suisses » et sur « la question de la main-d'œuvre forcée employée dans des filiales suisses en Allemagne nazie ». Restent en outre des points encore en suspens : l'accès aux documents sera-t-il ouvert à d'autres chercheurs que ceux de la commission Bergier ? Nul ne le sait encore.

C'est ce moule culturel et politique qui a servi de cadre de référence pour les Suisses. Des voix critiques se sont toujours élevées pour le contester. Celles de Max Frisch, de Hugo Loetscher, de Peter Bischel... Dans son discours pour Vaclav Havel, en 1990, Friedrich Dürrenmatt écrit :

« Nous n'avons pas été attaqués, mais nous avons dû travailler pour Hitler, et les Juifs que nous refoulions à la frontière furent aussi gazés [37]. » Mais l'écho de ces voix est resté faible, car elles n'ont jamais pu trouver un terreau politique propice. En 1968, Jean-Baptiste Mauroux publie *Du bonheur d'être Suisse sous Hitler* [38], suivi plus tard, par l'ouvrage de Werner Rings *L'Or des nazis* [39] — un livre remarquablement documenté, et qui fait toujours référence quant aux transactions de la Banque nationale suisse avec le IIIe Reich. La *Neue Zürcher Zeitung*, le journal le plus respecté de Suisse, proche des milieux d'affaires, avait commenté à l'époque : « C'est un épisode anecdotique de la Seconde Guerre mondiale. » Des professeurs se souviennent d'avoir lu le livre, mais d'avoir pensé qu'il s'agissait d'« élucubrations ». Somme toute, la « reconstruction » de la mémoire de la guerre en Suisse a été efficace. En héroïsant son passé, et en choisissant de refouler les points les plus noirs, elle a réussi à créer un mythe. Qui un jour, s'est transformé en piège.

5

Le peuple élu

Pendant une vingtaine d'années, entre la fin des années trente et les années cinquante, Philipp Etter[40] est l'un des hommes clefs du Conseil fédéral. Un catholique conservateur qui, jusqu'à la fin de la Seconde Guerre mondiale, dédaigne la démocratie, mais qui sait faire passer le message de l'« exceptionnalité » du peuple suisse pour en faire une arme de cohésion nationale et de résistance. C'est lui qui lance la notion de « défense spirituelle », pour souder le peuple contre les dangers extérieurs. C'est l'homme politique dans ce siècle qui est sans doute le meilleur « théoricien » et le principal « communicateur » d'une destinée suisse au sein des nations. Il est loin d'être l'unique homme politique à utiliser ce thème du peuple de montagnards protégé par la providence divine. La trame de l'argumentation remonte au XIXe siècle, si ce n'est avant. Mais, par l'importance de son rôle au sein du gouvernement et par sa longévité politique au sommet de l'État, son impact fut plus profond et plus durable. Directement ou par politiciens et « intellectuels » interposés, sa pensée influencera des générations de Suisses. L'exposition nationale de Zurich (surnommée la *Landi*) de 1939 est l'un des moments charnières dans la cristallisation de l'identité suisse. C'est l'occasion de la plus grande prestation identitaire des Suisses en ce siècle, dont le chef de l'armée, le général Guisan a dit « qu'elle [la Landi] vaut bien un corps d'armée ». Et c'est dans ce haut lieu du patriotisme qu'Etter, alors président de la Confédération, il fait son discours sur la « défense spirituelle ». C'est aussi à cette époque qu'il conte le mythe de la genèse du peuple suisse, pour rappeler à ses concitoyens les valeurs éternelles de résistance et de liberté.

« Une vieille légende populaire nous conte l'histoire d'un peuple nomade, errant de lieu en lieu et d'un pays à l'autre, sans pouvoir jamais trouver asile stable. Mais voici que meurt la mère, l'aïeule, et on l'enterre. Ainsi se produit cette chose inattendue : la tribu qui, poussée sans cesse à l'aventure, ne pouvait jusqu'alors se fixer nulle part, s'établit à l'entour de la tombe de la mère, prend possession du sol, le défend contre les peuplades ennemies et se transforme en un peuple sédentaire qui jamais, ne se laissa chasser du tombeau de l'aïeule. Le moment où la tribu errante s'établit auprès du sanctuaire de la tombe maternelle marque le point de départ de la culture de ce peuple [...]. Tout, dans notre paysage est orienté en quelque sorte verticalement. Et même si nos montagnes, vues de loin, forment une chaîne, chaque cime a cependant sa personnalité distincte, son nom propre, son caractère particulier. Il en va du Suisse comme de sa campagne et de ses montagnes : il ne recherche pas les plans horizontaux, il vit dans la verticale. Son activité spirituelle n'est concevable que dans la liberté. »

Bien sûr, Philipp Etter cherche à forger un esprit de résistance alors que la guerre menace. Pour y parvenir, il n'hésite pas à convoquer des pans entiers de l'histoire biblique pour en faire la matrice de la création de la Suisse. Il reprend, pour l'helvétiser, l'histoire du peuple d'Israël, en « errant de lieu en lieu et d'un pays à l'autre, sans pouvoir jamais trouver un asile stable ». Il décrit un nouveau peuple juif qui développe une « activité spirituelle » dès qu'il devient sédentaire. Les anciens mercenaires « poussée sans cesse à l'aventure » ont rencontré le chemin divin. C'est à ce moment, autour du tombeau de l'aïeule, que le peuple suisse noue une alliance avec le ciel.

En pleine guerre, Etter est encore plus clair : « L'existence de notre Suisse aux trois langues au milieu d'une Europe déchirée est le signe d'une mission spirituelle admirable, symbole d'une puissance de réconciliation et d'union. Ce fut la sainte volonté de la Providence divine qui unit les membres les plus anciens de l'Union confédérale au long d'une artère unissant les peuples, le Gothard. Il me paraît que, par la création de la Confédération suisse, Dieu a voulu indiquer aux peuples, et leur indique encore maintenant, que la différence des civilisations n'a pas comme fin la destruction mutuelle mais bien de se comprendre mutuellement, de se trouver et de s'enrichir les uns les autres[41]. »

La cause est entendue. Le peuple suisse est « élu » de Dieu. Cette conception particulière de la destinée du peuple suisse, qui s'est « substitué » au peuple juif, n'est pas inédite en Suisse. Le peuple juif a donné au monde les dix commandements. En cela, il a en quelque sorte accompli sa mission historique. C'est à son successeur d'agir dans les temps modernes. Le peuple suisse donne donc la Croix-Rouge à l'humanité. « Le plus beau cadeau que la Suisse ait fait au monde », comme le dit le conseiller fédéral Traugott Wahlen. Le peuple suisse renouvelle le message divin apporté à l'humanité tout entière. Fondée sur le décalogue, la première convention de Genève comprend dix articles, les dix nouveaux commandements. Jean-Pierre Gaume, ex-conservateur du musée de la Croix-Rouge, constate : « Les conventions de Genève sont les tables de la loi de notre civilisation. Ne pas y souscrire, c'est se mettre hors civilisation. Tout gouvernement qui se respecte a l'obligation morale de les signer. » Le *Guardian* écrit en 1983 : « Depuis plus d'un siècle, son étendard, le drapeau suisse inversé, a flotté sur les champs de bataille, comme le symbole universellement reconnu de la compassion[42]. » Ces drapeaux identiques, aux couleurs simplement inversées, forment les deux faces que la Suisse projette au monde : neutralité et charité.

Mais revenons au discours de Philipp Etter, car il unit les deux images les plus fortes de la mythologie helvétique. En affirmant que « ce fut la sainte volonté de la Providence divine qui unit les membres les plus anciens de l'Union confédérale au long d'une artère unissant les peuples, le Gothard », il met le doigt sur un élément central de l'« exceptionnalité suisse » : le « nouveau peuple d'Israël » a trouvé avec le Saint-Gothard son mont Sinaï.

Il décrit un schéma mythique du développement de la Suisse : à un noyau de pureté symbolique s'est agglutiné le reste de la Suisse en cercles concentriques. La Suisse moderne est en grande partie le résultat de la bourgeoisie protestante des villes mais qu'importe ! Au nom de l'unité nationale, la montagne catholique se trouve dépositaire de l'identité suisse. Cela correspond bien entendu au développement plus général du tourisme, aux images de régénération spirituelle qu'amène l'air frais et revigorant des cimes. Au VIIIe siècle, le théologien protestant Bridel avait déjà lancé : « Des Alpes vient le salut. » Au XIXe siècle, les radicaux urbains ont opéré une « biblisation » de la montagne. Face à la montée du socialisme, à l'agitation de la classe ouvrière, une alliance s'effectue, à la fin du siècle dernier, entre le radicalisme protestant imprégné d'esprit républicain, et les catholiques conservateurs qui ont une vision « organiciste » de la société. Cette alliance s'opère autour de la montagne et d'une « mémoire paysanne ». C'est redoutablement habile : cette reconnaissance d'un berceau suisse « alpin » permet symboliquement à une minorité catholique conservatrice vaincue en 1847 de détenir le fondement de l'identité nationale et, par là, de mieux se reconnaître dans les nouvelles institutions. L'« homo alpinus » est né, et le ciel est avec lui. Ainsi, dès le tournant du siècle, l'historien Carl Hilty prétend que le Suisse se distingue fondamentalement des autres nations, parce qu'il « est élu par Dieu ».

Cette vision de l'exceptionnalité suisse incarnée par l'« homo alpinus protégé par la Providence », constitue un mécanisme compensateur et unificateur face au « vertige de la différence » qu'éprouve la Suisse officielle. Au XVIe siècle, l'humaniste bâlois Paracelse avait dit : « Tout ce qui est pluralité est inquiétude. » Cette peur de la désintégration du pays est une donnée fondamentale. Elle a conditionné la vision du pouvoir politique, dont l'objectif essentiel vise à gérer la somme des particularismes linguistiques, religieux et culturels. Le problème politique qui se pose au gouvernement en temps de crise intérieure et de tension internationale est de conserver l'unité et la stabilité du pays. Cette menace de désintégration n'a rien d'irréel.

L'intervention des soldats français de Bonaparte avait divisé les Suisses en 1798 : elle constituait une défaite militaire pour les Bernois mais une libération politique pour les Vaudois, asservis par Berne... Entre 1815 et 1848, cinq coups d'État se succédèrent. En 1847, la guerre civile éclate entre radicaux protestants et catholiques conservateurs. En 1848, au moment où la Constitution est proclamée, des dizaines de monnaie continuent d'avoir cours. Au XIXe siècle le principal problème d'immigration concerne les Suisses qui veulent s'établir dans un autre canton que le leur. Durant la Première Guerre mondiale, les tensions entre alémaniques partisans du Kaiser Guillaume II et francophones partisans de la République font craindre l'éclatement du pays. Les grèves sanglantes de l'immédiat après-guerre ravivent les craintes d'un affrontement gauche-droite.

On ne peut comprendre la formation de la Suisse moderne sans cette peur constante de sa dissolution. Durant le XIXe siècle et dans la première partie du XXe, lorsque les États nations se constituent autour d'une langue, d'un souverain ou d'une culture, les élites politiques doivent « inventer » une unité culturelle commune. Face au spectre de la guerre civile, du démembrement ou de la dissolution du lien fédéral, des mécanismes « unificateurs » sont mis en place. L'armée bien sûr, mais surtout la neutralité, le fédéralisme, la démocratie directe. Autant d'instruments qui sont des processus d'évitement ou de contrôle des conflits.

Mais ce sont des réponses politiques et institutionnelles. Manquait encore le levain culturel. Comment concilier pluralité et unité nationale ? A l'heure où le nazisme brille de tous ses feux et rêve de constituer un « Reich millénaire » autour de l'idée de peuple allemand (qui comprendrait aussi les Suisses alémaniques) et de pureté de la race, le « bricolage » de l'identité helvétique est soumis à rude épreuve. L'Autriche-Hongrie et l'Empire ottoman, qui avaient en commun avec la Suisse de comprendre une diversité linguistique, religieuse et culturelle en leur sein, se sont effondrés. Le génie des élites politiques aura été de transformer ce talon d'Achille de la Suisse en son principal atout grâce au thème de l'exceptionnalité du peuple suisse protégé par la providence et celui d'une place particulière accordée à son histoire parmi les nations. En modifiant — à peine — l'image trinitaire d'un seul Dieu en trois personnes distinctes. « Nous sommes un peuple qui pensons en quatre langues », dit Etter. La pluralité fait figure de miracle de la volonté humaine inspiré par le ciel. La Suisse est donc un « pays aimé de Dieu », de la providence, formule sans cesse utilisée, y compris par le ministre Flavio Cotti en 1989 lors de l'opération « Diamant ». Quant à son gouvernement, il est dirigé, dès 1943, par la règle du consensus avec l'entrée en 1943 d'un socialiste dans l'exécutif, puis d'un second en 1951, donnant naissance à ce qui est appelé « la formule magique ». Derrière l'image du pragmatisme helvétique, se trouvent donc en renfort non seulement la figure divine, mais de bons prêtres veillant sur l'équilibre et l'harmonie qui président aux destinées de ce pays hors du commun. D'où un prodigieux retournement : cette pluralité dans l'unité marque la supériorité morale de la Suisse, capable de faire coexister diverses cultures en son sein, même s'il subsiste une fêlure intérieure que constitue la menace — réelle ou fantasmée — de sa désintégration.

D'où cet attrait pour la démocratie autoritaire qui permet de renforcer le ciment de la cohésion nationale, pour prévenir toute fatigue d'« une nation issue de la volonté humaine ».

Alors que, durant la guerre, les Juifs sont persécutés, abandonnés par les nations, le message du gouvernement suisse à ses concitoyens et au monde est celui de sa gratitude envers le Seigneur qui protège la petite nation suisse, de la providence qui permet d'échapper « à la malice des temps ». C'est ce que Guisan déclare dans son ordre du jour le 3 juin 1940 : « Si jusqu'à maintenant, presque seule entre les petits pays d'Europe, la Suisse a échappé aux horreurs de l'invasion, elle le doit avant tout à la protection divine. » Autres exemples : ce que l'on retrouve sur la tranche des pièces de 5 francs : *Dominus providebit* — « Dieu prend en charge » —, ou encore cette phrase reproduite dans les correspondances entre la Confédération et les cantons : « Nous saisissons cette occasion, fidèles et chers Confédérés, pour vous recommander avec nous à la protection divine. » L'hommage à Dieu qui ouvre la Constitution helvétique en est un autre exemple. Le Sonderfall est une version en partie laïcisée du peuple élu.

Le peuple suisse ainsi protégé par la providence a une mission au sein des nations. Ce n'est pas un théologien qui le dit, mais Edgar Bonjour, l'historien de la neutralité choisi par le gouvernement en 1953 : « Les puissances belligérantes avaient besoin de ce petit État neutre et pacifique pour accomplir diverses tâches internationales et culturelles. La Suisse neutre est devenue presque une nécessité internationale[43]. » C'est cette prétention à une sagesse supérieure ne se mêlant pas des affaires du monde, planant au-dessus de l'arène sanglante de la guerre entre les nations, nantie d'une mission de secouriste voulue par la providence, qui forme la trame du discours suisse. Le discours officiel décrit une Suisse championne de l'humanité, dont les fils, sous l'étendard de la Croix-Rouge, ont sauvé les blessés sur les champs de bataille sans distinction de nationalité, alors que la plupart des armées rechignaient à porter secours aux ennemis blessés. Comment ne pas rester médusé devant cette imagerie d'Épinal que développe l'« historien de la neutralité » Edgar Bonjour, alors que le Comité international de la Croix-Rouge, où siégeait Philipp Etter, avait choisi de se taire plutôt que de dénoncer le génocide en train de se commettre ?

Mais cela intéresse peu l'historien qui poursuit : « Le Suisse ne parle pas de ses œuvres de charité pour s'en vanter, il se contente de montrer quelles entreprises la neutralité lui permet de mener à bien. Son privilège est de pouvoir aider les autres et, par là, de réaliser un idéal humain[44]. » Nation d'anges miséricordieux et non d'hommes faillibles, la Suisse n'est pas un État comme les autres, c'est une utopie en mouvement, qui recrée un monde parfait, gouverné par le règne de la raison, du travail, de l'harmonie intérieure et de la paix.

L'HOMO ALPINUS

D'autres tentatives ont eu lieu pour unifier idéologiquement la Suisse. Inspirées par l'air du temps, de pseudo-découvertes scientifiques cherchent à donner une existence à l'« homo helveticus ». Un des discours les plus stupéfiants à cet égard est un message du gouvernement de 1884 qui justifie l'acquisition de crânes préhistoriques découverts alors : « Les superbes crânes d'Auvernier peuvent soutenir honorablement la comparaison avec ceux des peuples civilisés. Par leur capacité et les particularités de leur conformation, ils peuvent être placés sur la même ligne que les crânes les mieux formés de la race aryenne » ! Cette quête d'une pureté de la race suisse, une race « alpine », forte de ses vertus guerrières, qui transcenderait les clivages linguistiques ou religieux, continue pendant des décennies, sous d'autres formes, même lorsque l'anthropologie en aura montré les limites.

Cette « différence » entre race alpine et race barbare a été prodigieusement mise en scène lors de l'exposition nationale de 1896 à Genève, comme le montrent les travaux de l'ethnologue Bernard Crettaz[45]. Emblème d'une pureté primitive, un « village suisse » a été reconstruit en plein cœur de la ville, avec d'authentiques vaches qui broutent près d'une cascade artificielle de quarante mètres de hauteur. Un peu plus loin, se trouve le « village nègre », où deux cent vingt-sept pauvres Soudanais sont regardés comme des bêtes de zoo dans leurs cases, ainsi qu'y incite le guide officiel de l'exposition : « Les musiciens et les griots, parés d'amulettes, se livrent à des gestes bizarres et à des contorsions grotesques... »

Le succès est immédiat, même si certaines voix raillent cette vision d'une Suisse idyllique et alpestre. Charles-Ferdinand Ramuz n'est pas dupe de cette manipulation des symboles : « Une Suisse d'hôtels, une Suisse truquée et machinée comme les coulisses d'un théâtre, avec feux de Bengale sur les cascades, glaciers artificiels, crevasses à trapes, joueurs de cor des Alpes faisant la quête après chaque air, et costumes nationaux pour sommelières. On a dit : légende, et je viens de me servir moi-même de ce mot ; mais à y regarder de plus près, je n'y vois pour ma part que la caricature d'une Suisse réelle existant réellement, la plus encombrante, la plus tyrannique, la plus influente de toutes[46]. »

À la veille des deux guerres mondiales, et en réponse au danger, la Suisse s'unit autour de l'image de ce village mythique qui, en 1914, puis 1939, célèbre les travaux des champs, les activités villageoises et la variété des costumes cantonaux. Cette glorification de l'ancrage à la terre contredit la réalité suisse qui, depuis le tournant du siècle, est marquée, par le développement d'industries qui étendent leur implantation dans le monde entier. Habilement, de part et d'autre du lac de Zurich, la *Landi* expose les deux faces de la Suisse. D'un côté, le village suisse ; de l'autre, la modernité des techniques. Un funiculaire relie une conception alpestre et montagnarde de la Suisse aux joyaux du machinisme contemporain. Le visiteur qui a cheminé sous les trois mille drapeaux des communes helvétiques arrive enfin dans une salle dénudée, qui a pour décor un soldat statufié par Hans Brandenberg et nommé « Volonté de défense ». Un drapeau suisse est apposé sur le mur avec cette inscription : « 1939, tout Suisse est tenu au service ». A la même époque, cette homologie entre esthétique et militarisme a été exaltée dans un ouvrage préfacé par trois conseillers fédéraux : « Arts et armée sont placés l'un en face de l'autre comme deux miroirs. Entre ces deux miroirs, il y a le visage de la Suisse. Celui de l'armée lui renvoie son profil réel, celui de l'art, son profil idéal. »

Le village suisse est le lieu d'une pureté originelle. C'est le paradis, non pas perdu, mais vivant, réactivé face à une double menace : le monde devenu « soudanais », lieu de la barbarie, et le péril intérieur, l'habitant des villes déraciné qui n'est plus le défenseur de la race terrienne dont il est issu, mais qui est suspendu, sans appui, sans certitude, et qui se raccroche aux idées abstraites, aux théories politiques qui sont aux antipodes des valeurs éternelles de la Suisse.

D'où la nécessité de renforcer la conscience nationale non seulement avec des idées, mais aussi par la force des sentiments : tel est le rôle de la « voix des ancêtres », qui rappelle que la terre est le prolongement de nos morts. Mais c'est aussi le film de Lindtberg, *Le Fusilier Wipf*, tourné pendant la guerre, sur les affiches duquel on peut lire : « Sous le haut patronage du colonel Guisan, un film qui nous rend plus fiers encore d'être Suisses. » C'est enfin une imagerie conventionnelle, porteuse des valeurs archaïques. En 1941, Weschsler et Lindtberg tournent *Le Landammann Stauffacher*, chronique héroïque des événements qui conduisirent à la bataille de Morgarten en 1315. Les deux cinéastes s'appuient sur la mythologie pour exalter, métaphoriquement, l'esprit de résistance contre le nazisme. Rémy Pithon raconte l'histoire : « Le personnage central est, le *Landammann* de Schwytz, fils et successeur de Stauffacher [descendant de l'un des trois hommes qui ont "fondé" la Suisse lors du serment du Grütli de 1291]. Le spectateur a droit à une nouvelle version du serment des trois Suisses, dans une scène ou les *Landammann* (chefs) des trois cantons interviennent ensemble, dans une salle décorée d'une croix, devant les

*Waldstätten** rassemblés : un vrai tableau vivant de la démocratie primitive, guidée par trois robustes patriarches barbus sortis tout droit d'une image populaire du serment du Grütli. Mais, surprise : Stauffacher est frappé un moment par le doute. Apparaît alors en haut de l'escalier de la maison familiale, l'aïeule qui rappelle d'une voix, brisée mais ferme, le souvenir des actions héroïques de 1291 [47]. »

La Suisse de 1848 est passée d'une définition de la nation comme formation politique à une théorie plus proche de celle fondée sur la Terre et les Morts. Celle-ci rejette en marge de la citoyenneté ceux qui ne peuvent bénéficier du droit du sang. Par voie de conséquence, l'antisémitisme se développe, y compris au sommet de l'Etat. Durant les années de guerre, le parlementarisme et la démocratie sont limités, comme les conditions du moment l'exigent. Mais, au-delà, il y a une fascination pour l'autoritarisme et une attirance pour le corporatisme chez les principaux responsables du pays, Etter, Guisan, Motta, Pilet-Golaz...

La Seconde Guerre mondiale commence au beau milieu de cette célébration de l'identité suisse dans l'exposition nationale. La *Landi* a été la matrice idéologique du « réduit national ». L'historien Andreas Blocher, frère du très nationaliste Christoph Blocher, note : « La Suisse vécut 1945 dans l'esprit de 1939, c'est-à-dire celui des conserves. Les boîtes de conserve en aluminium

* Les *Waldstätten* sont les habitants des trois cantons de Suisse centrale (Uri, Schwytz et Unterwald) qui, au XIIIe siècle, s'étaient rebellés contre le pouvoir des Habsbourg. Ils sont devenus la matrice symbolique de la Suisse.

avaient été la grande attraction parmi les innovations présentées à la *Landi*. La nécessité de conserver un produit frais, voilà ce qui était sûrement, aux yeux de tous, l'évidence même en ces débuts de la vie trépidante de l'ère industrielle. D'autant plus que cette devise possédait son pendant dans celle de la "permanence des valeurs éprouvées" qui s'incarnait dans le village suisse. Les Suisses les emportèrent toutes deux dans leur voyage vers l'avenir [...] [48] » Ce fut l'union du progrès technique et du conservatisme politique. Comme si les boîtes de conserve allaient permettre à une idéologie de perdurer, en dépit d'un environnement radicalement différent.

6

La célébration du mythe

Avant de devenir l'emblème international d'une position isolationniste, le « réduit national » fut une stratégie, mise en place en 1939 par le général Guisan, incarnation de l'esprit de résistance, nationaliste intransigeant, mais vouant une véritable admiration à Pétain. L'idée essentielle du réduit national, qui regroupe toutes les forces de « résistance » en un seul endroit, laissant à l'éventuel envahisseur le reste du pays, n'a guère de précédent dans la doctrine militaire. Elle est littéralement « renversante » pour des hommes qui devaient accepter l'idée d'abandonner leur femme et leurs enfants à l'ennemi, comme l'explique Edgar Bonjour, qui a le sens de l'euphémisme : « Il n'était pas facile de faire accepter au Suisse moyen cette nouvelle conception. Il fallait qu'il prît son parti de voir plus de la moitié du territoire suisse laissée presque sans couverture, les régions les plus fortement industrialisées, habitées par les trois quarts de la population, être, le cas échéant, sacrifiées à l'envahisseur. Savoir l'armée derrière soi, et non plus devant soi, à la frontière, face à l'ennemi, était quelque chose de si inhabituel qu'il n'était pas facile de s'en accommoder [...][49] »

En 1940, Guisan réunit les 650 officiers supérieurs de l'armée suisse sur la prairie du Grütli, berceau mythique de la Confédération. Il compte sur toute la puissance du mythe alpin pour faire accepter sa stratégie du réduit national afin de combattre toute attaque allemande : « J'ai tenu à vous réunir en ce lieu historique, terre symbolique de notre indépendance, pour vous mettre au courant de la situation et vous parler de soldat à soldat. Nous sommes à un tournant de notre histoire. Il s'agit de l'existence même de la Suisse. Ici, soldats de 1940, nous nous inspirerons des leçons et de l'esprit du passé pour envisager résolument le présent et l'avenir du pays, pour entendre l'appel mystérieux qui monte de cette prairie[50]. »

Le fait d'avoir échappé à la guerre a donné ses lettres de noblesse à une Suisse hérisson repliée sur l'image du *Grütli*. Puis, après guerre, le Suisse, c'est Guillaume Tell face au bolchevique, le Guillaume Tell du drame de Schiller qui « ressemble en tout à ce que sont d'ordinaire les paysans de l'Helvétie, calmes dans leurs habitudes, amis du repos, mais terribles quand on agite dans leur âme les sentiments que la vie champêtre y tient assoupis ». Une race de montagnards, aux mœurs austères, à l'esprit et au cœur purs, qui ne doivent pas se laisser corroder par la « propagande insidieuse ». « Point de chaînes aux enfants de Guillaume Tell », avait dit Napoléon. Le Suisse, c'est l'homme du refus, du « non » à l'aliénation de sa liberté, un étranger à la politique, à l'idéologie, un être simple et fier, comme l'écrit Victor Hugo : « La providence a fait les montagnes, Guillaume Tell a fait les hommes. » Mythe fondateur de la Suisse, Guillaume Tell incarne aussi la figure du seul homme ayant refusé de se découvrir devant le chapeau du baron Gessler, représentant des

Habsbourg. Lamartine écrit : « La masse obéissante se plia à ce caprice de la tyrannie par mépris ou par terreur du tyran. Un seul résista... » Voilà pourquoi, en 1760, les autorités d'Uri font brûler sur la place publique d'Altdorf le pamphlet impie d'Uriel Freudenberg *Guillaume Tell, une fable danoise*. Voilà pourquoi, jusqu'en 1996, la Suisse est le seul pays d'Europe occidentale à ne pas donner de statut aux objecteurs de conscience et à les emprisonner.

Bien entendu, il existe au sein du pouvoir des courants prêchant l'ouverture, principalement au ministère des Affaires étrangères. Ainsi, grâce à leurs efforts, la Suisse prête son concours à l'ONU lors de la guerre du Biafra, de la crise de Suez et de l'armistice en Corée. Ce sont là des avancées réelles, mais qui n'entament pas véritablement le courant dominant d'une Suisse officielle repliée sur ses certitudes, et qui n'a guère de considération pour les intellectuels, coupables de fustiger le présent. L'ancien président de la Confédération, Georges-André Chevallaz, écrit dans *Les Raisons de l'espoir* : « Je suis physiologiquement allergique aux idéologies, imperméable à la vocation d'un système et rétif aux doctrines récitées. » Il fait en revanche écho au rêve du poète valaisan Maurice Chappaz : « Chacun se connaîtrait et serait responsable de son frère. » C'est la célébration d'une Suisse hors des grands courants historiques, une Suisse-île, une Suisse-*Grütli*, une Suisse-réduit pastoral, aux racines profondément enfoncées dans la terre, *sa* terre, telle que la voit Carl Gustav Jung : « S'il est bien vrai que nous sommes de toutes les nations européennes la plus retardataire, la plus conservatrice, la plus entêtée, la plus suffisante, la plus bourrue, cela signifie pour l'homme européen qu'il est, en son centre, bien chez lui, attaché à sa glèbe, imperturbable, sûr de lui, conservateur et retardataire, c'est-à-dire qu'il est encore lié au passé de la façon la plus intime [...] Ce ne serait pas un si mauvais rôle pour la Suisse d'incarner la lourdeur, l'inertie de la terre européenne, et d'avoir ainsi la signification et le rôle d'un centre de gravité[51]. » L'idéal de Chappaz devient à portée de main : « Plus d'histoire pendant quelques siècles, plus que du vivant, des faits divers rustiques, locaux, nos joies et nos deuils[52]. » Telle est la célébration d'un imaginaire qui veut marier les Alpes et la high-tech, mais une high-tech pure qui serait débarrassée du virus du cosmopolitisme et de la pollution morale et physique des villes, débarassée des débats d'idées pour accéder à une harmonie supérieure abstraite, rencontre idyllique entre pureté primitive et concept aseptisé.

Le prix du « Diamant »

Été 1989. Le communisme est à bout de souffle. La République démocratique allemande tremble sur ses bases. A douze, la Communauté européenne se construit. Pendant ce temps, les autorités helvétiques s'affairent, elles préparent l'opération « Diamant », stupéfiante commémoration patriotique ayant recours à des symboles aux fins politiques très précises, bien qu'elles n'aient jamais été énoncées. Simultanément, deux initiatives populaires sont sur le point d'être votées. La première est une véritable hérésie aux yeux de la Suisse officielle : proposée par les pacifistes du Groupe pour une Suisse sans armée (GSSA), elle entend purement et simplement supprimer l'armée, l'une des institutions clefs du pays, ciment national dans un pays qui souffre de son manque d'homogénéité. L'autre initiative vise à lutter contre l'achat d'avions de combat américains, les FA-18, qui coûtent 3,5 milliards de francs et peuvent traverser l'espace aérien helvétique en moins de quinze minutes.

A l'occasion du jubilé de la « Mobilisation générale », les autorités veulent voulu remercier tous les Suisses qui ont porté l'uniforme entre 1939 et 1945, tous ceux qui ont défendu, le fusil à la main, la neutralité helvétique. Le but inavoué de « Diamant » est de défendre l'armée — et son concept — contre ces initiatives en mobilisant toute la population réceptive à l'idéologie du réduit national — les membres des sociétés de tir (un demi-million de personnes), les associations d'officiers et de sous-officiers et surtout, la classe la plus âgée, qui avait connu les rationnements et les privations dus à l'encerclement de la Suisse durant la guerre. Les autorités s'appuient sur le mythe suisse et, sur la version la plus lisse de la neutralité armée durant la Seconde Guerre mondiale, afin de mobiliser l'opinion publique contre les pacifistes. Le Conseil fédéral va plus loin encore. Dans son message du 25 mai 1988, au sujet du Groupe pour une Suisse sans armée, il écrit : « La Suisse n'a pas une armée. Elle est une armée. » Imaginons l'effet si un Premier ministre français, allemand ou britannique avait affirmé que son pays « n'a pas une armée, mais est une armée »? On aurait crié à la dérive militariste, au déni de la démocratie...

Le colonel Nyffenegger, en charge des préparatifs de « Diamant » — et qui sera plus tard poursuivi pour gestion déloyale des intérêts publics, corruption et violation du secret militaire — a trouvé le nom de l'opération dans un poème de Gottfried Keller : « La Suisse comme un diamant, pur et dur... » Un nom qui marque la volonté de célébrer la solidité de la Suisse. L'opération « Diamant », c'est le mythe dans sa pureté cristalline : la neutralité inviolable, la défense armée, l'union sacrée derrière la figure héroïque du général Guisan — dont on passe sous silence l'admiration pour le maréchal Pétain et le conservatisme proche de l'antiparlementarisme — et la stratégie du réduit national dans les Alpes, matrice symbolique de la Suisse. Telle est l'histoire idéalisée, érigée en dogme, que les enfants suisses ont apprise pendant des générations dans les manuels d'histoire et à laquelle ils ont massivement adhéré.

Entre août et septembre 1989, tous les vétérans sont invités à une journée du souvenir dans les cinquante-deux lieux de mobilisation : inscription au livret de service et solde d'honneur, médaille à l'effigie du général Guisan, pot-au-feu, bague Villiger, du nom de l'entreprise familiale de cigares dirigée par le père du conseiller fédéral. Les Suisses apprendront plus tard que l'entreprise Villiger avait des contacts étroits avec le IIIe Reich : Kaspar Villiger reconnaîtra courageusement que son père avait remis au consulat allemand de Bâle un certificat portant la mention « Villiger, aryen depuis 400 ans », et que celui-ci avait acheté en 1935, à moindre prix, une fabrique de cigarettes à la famille Strauss, pressée de fuir l'antisémitisme...

Mais, ce 1er septembre 1989, le chef de l'instruction de l'armée, le commandant de corps Rolf Binder, appelle tous les militaires suisses à tirer les « leçons de l'histoire », affirmant que la mobilisation générale de 1939 a été l'événement décisif de ces cinquante dernières années : « Un peuple déchiré, voire divisé, venant juste de souffrir, de surcroît, des années d'une crise dure et profonde, s'est réunifié. » L'apothéose de la commémoration a évidemment lieu sur la prairie du Grütli, en présence des personnalités politiques et militaires du pays. Le président de la Confédération, Jean-Pascal Delamuraz, rappelle « l'affreux carnage qu'a été la Seconde Guerre mondiale » et demande à ses concitoyens qui y ont échappé « par la Providence et par la vaillance de leur engagement », de ne pas oublier le sacrifice majeur que tant de femmes et d'hommes ont accompli de par le monde.

Le Département militaire fédéral (DMF) a mis sur pied une exposition itinérante accompagnant chaque rencontre avec les vétérans. Une société de publicité suisse alémanique a obtenu un contrat intéressant : recréer le passé. C'est ainsi qu'une place d'autrefois a été reconstituée avec sa gare, son kiosque, ses magasins... Les canons et les chars sont encore exposés à Berne, où se tient une exposition permanente. Dans certains jardins de la capitale, on cultive des pommes de terre pour rappeler le plan Wahlen, c'est-à-dire la politique d'autarcie alimentaire imposée par la guerre. Bref, en cet été 1989, la Suisse officielle rejoue les années 1939-1945, l'époque où la neutralité était vue par les autorités comme une « nécessité organique ».

Pour accompagner cette mythologisation de la neutralité armée, on a mis en avant les idées de permanence et de respect du droit international. Depuis le congrès de Vienne en 1815, l'Europe reconnaît la neutralité armée permanente de la Suisse. Selon la convention de La Haye de 1907, qui réglemente les droits et devoirs des États neutres, la Suisse peut commercer librement avec les pays en guerre et exporter des armes, à condition qu'il n'y ait pas de déséquilibres entre les belligérants.

La Suisse n'a sans doute pas contrevenu aux dispositions du droit international. Restent cependant deux problèmes. L'un, de nature technique : encerclée, elle a principalement commercé avec un seul camp ; l'autre, de nature morale : peut-on rester neutre dans une guerre qui oppose un régime génocidaire et des démocraties, l'URSS exceptée ? En réalité, il y a une ambiguïté dans la définition de la neutralité, dont le gouvernement suisse est sans doute conscient, mais qu'il a pourtant exploitée. Il y a, d'un côté, la conception juridique de la neutralité issue des dispositions de La Haye (conserver un équilibre entre les belligérants) et, de l'autre, une définition plus générale, éthique. Le fondement de celle-ci repose, en dernier ressort, sur une légitimité d'ordre « moral »[53]. Le gouvernement suisse va utiliser la définition juridique de la neutralité pour convaincre les régimes vainqueurs qu'il n'a pas enfreint ses obligations légales. En revanche, quand il parle à son peuple, il met en avant la neutralité dans son acception générale.

Avec l'opération « Diamant », héritage parfait de la Seconde Guerre mondiale, le mythe de l'indépendance suisse atteint son zénith. Que cette commémoration soit aussi celle du début de la plus effroyable boucherie que la planète ait jamais connue, voilà qui donne la mesure de l'intériorisation du Sonderfall, de l'« exception suisse » dans l'esprit des responsables politiques et militaires helvétiques. L'insensibilité, voire l'inconscience, est totale. Aucun organisateur ne semble se rendre compte que cette commémoration est une date synonyme de mort et de tragédie pour le reste de l'humanité. Quelques intellectuels de gauche protestent. En vain. Le responsable du Parti socialiste, Helmut Hubacher, qui tire généralement à boulets rouges sur le DMF, explique : « Un vieux camarade m'a dit : moi, je veux y aller, à cette rencontre. » Alors, pas question de décourager les vieux camarades de gauche — et des bataillons d'électeurs — par un combat perdu. Finalement, le gouvernement arrondit les angles : officiellement, on ne fête pas l'entrée en guerre (il ne manquerait plus que cela !), on marque sa reconnaissance aux anciens.

L'amnésie dont témoigne l'opération « Diamant » est tout sauf le fait du hasard. Elle résulte d'une vision de la Suisse en quelque sorte détachée du tronc commun de l'histoire mondiale. L'histoire suisse a toujours été un enjeu stratégique. A la fin du XIXe siècle, épurée de ses contradictions, nimbée dans sa légende, elle est l'un des principaux instruments de cohésion nationale, dans un État né d'une guerre civile, divisé linguistiquement, religieusement, culturellement et politiquement. En 1939, le péril est extérieur. En 1989, le danger est, cette fois intérieur.

Dans son message de 1988, le Conseil fédéral avait précisé : « Le service militaire est un puissant facteur d'intégration nationale. » En d'autres termes, le danger provient tout autant des armées du Pacte de Varsovie que de l'hétérogénéité du peuple suisse, menacé d'éclatement sans la cohésion issue de la camaraderie des casernes. Le dramaturge Max Frisch rappelle brutalement que la finalité de l'armée suisse est d'ordre intérieur : « Dans ce siècle, l'armée n'a tiré que deux fois. En 1918 et en 1932. Les deux fois contre des ouvriers. Sa destination est tout à fait claire, elle est d'ordre intérieur. » En un mot, la maison Suisse s'écroulerait si l'armée venait à disparaître. L'armée duplique et encadre la société civile : elle l'Europe, une majorité de Suisses, trop convaincus du bien-fondé du Sonderfall, n'ont pas voulu d'elle, ont poussé le pays vers un isolement politique, et, sans le vouloir, vers un début de waldheimisation.

Notes

Première Partie

1. C'est-à-dire d'être tenue à distance comme le fut l'ancien président autrichien, Kurt Waldheim. Cet ex-Secrétaire général de l'ONU avait été interdit d'entrée sur le territoire américain. Il était accusé d'avoir omis, dans sa biographie, certains épisodes peu glorieux de sa vie lorsqu'il servait dans l'armée du IIIe Reich. Ces « révélations » étaient intervenues après la fin de son mandat onusien.

2. Entretien avec l'auteur, 12 janvier 1998.

3. Gonzague de Reynold, *Défense et Illustration de l'esprit suisse*, Neuchâtel, Éditions de la Baconnière, 1939.

4. *New York Times*, 5 février 1997.

5. *Los Angeles Times*, in Yves Fricker, *La Suisse face à l'Empire américain*, Genève, Georg éditeurs, 1997, p. 213.

6. *Ibid.*

7. Rapport Eizenstat, publié en français par *Le Nouveau Quotidien* et les bibliothèques cantonales et universitaires romandes, 1997, p. VII.

8. *Ibid.*, p. XXXIII.

9. A titre d'exemples, la Société suisse des écrivains freinait l'arrivée des auteurs et des journalistes persécutés par les nazis — juifs et non-juifs — en leur interdisant de publier. Elle collaborait étroitement avec la police des étrangers dirigée par Heinrich Rothmund et recommandait parfois des mesures d'expulsion synonymes d'arrêts de mort : « Nous nous opposons à ces petits plumitifs, ces scribouillards irresponsables et sans caractère, qui ne sont ni des écrivains importants, ni des persécutés politiques, mais qui viennent en Suisse parce

qu'ils croient pouvoir y trouver une vie plus confortable », affirme la SSE. Comme tant d'autres, James Joyce — apparemment confondu avec son personnage de fiction d'origine juive Léopold Bloom — et Robert Musil, l'auteur de *L'Homme sans qualités*, eurent à souffrir de la SSE et de la police des étrangers, même s'ils ne furent finalement pas refoulés. Au point que Robert Musil écrit : « A qui me demanderait ce que c'est que l'esprit de la Nouvelle Allemagne, je ne désignerais pas Hitler, Goebbels ou Streicher, mais Rothmund. » (Voir Alfred Häsler, *La Suisse, terre d'asile*?, Lausanne, Rencontre, 1971, p. 322.) Sur le plan économique, des sociétés suisses utilisaient dans leurs filiales allemandes de la main-d'œuvre forcée, les esclaves du Reich, Russes, Ukrainiens et Biélorusses. Le fils du général Guisan, lieutenant-colonel dans l'armée de milice, a même livré 2 000 baraques en bois aux Waffen SS pour leurs camps de concentration sur le front de l'Est, empochant au passage 13 000 francs de bénéfice. (Voir Villi Gautschi, *Le Général Guisan*, Lausanne, Payot, 1991, p. 499.)

10. Yves Fricker, *op. cit.*, p. 190.

11. *Tribune de Genève*, 11-12 janvier 1997.

12. *Ibid.*

13. *Ibid.*

14. Georges-André Chevallaz, *Histoire générale de la Suisse de 1789 à nos jours*, Lausanne, Payot.

15. Doré Ogrizek, J.C. Rufenacht, *La Suisse*, Paris, collection des Guides Odé, 1947, p. 20.

16. Luc Van Dongen, *La Suisse face à la Deuxième Guerre mondiale, 1945-1948*, Genève, Société d'histoire et d'archéologie, 1997, pp. 231 sq.

17. Entre 1939 et 1945, la Suisse a accueilli 104 000 militaires, 55 000 civils et 67 000 rapatriés en transit. Près de la moité des réfugiés sont partis avant la fin de la guerre. Parmi eux, il y eut 21 000 Juifs, dont environ 5 000 entrés clandestinement en 1942. Les dernières études montrent qu'au moins 30 000 Juifs ont été refoulés. Certaines archives ayant été détruites, le chiffre réel est peut-être nettement plus élevé. En outre, la police des étrangers a refusé 14 500 demandes d'entrée. Cette politique dite de « la barque pleine » visait à dissuader les Juifs de tenter leur chance en essayant de passer en Suisse. Face à la politique de refoulement mise

en place le 4 août 1942, des milliers de réfugiés potentiels ont sans doute renoncé à entreprendre le voyage vers la Suisse.

18. Bernard Froidevaux, lettre adressée à l'auteur le 28 février 1997. Certains extraits en ont été publiés dans *Le Nouveau Quotidien*, (*LNQ*).

19. Edgar Bonjour, « Die Normalisierung des schweizerisch-russischen Verhältnisses 1946 », in Hans Ulrich Jost, *Switzerland's Atlantic Perspectives, Swiss Neutrality and Security*, New York, Berg, 1990, p. 114.

20. *Archives diplomatiques, Suisse-Russie 1813-1955*, Département fédéral des Affaires étrangères, Berne, Haupt, 1994, p. 553

21. Annexe 24-E 2809, 1BD5 in Sophie Pavillon, *L'Ombre rouge, la tentative d'établissement de relations diplomatiques avec l'URSS par la Confédération helvétique et le débat politique en Suisse 1943-1944*, mémoire à paraître. Cité dans *LNQ*.

22. *Documents diplomatiques suisses*, vol. 16, 9 mai 1945-31 mai 1947, p. 235.

23. *Neue Zürcher Zeitüng* (*NZZ*), 23 mars 1945, in Sophie Pavillon, *op. cit.*, p. 5.

24. Philipp Etter, in « Procès-verbal de la séance plénière du 14 octobre 1942, à l'ancien hôtel Métropole », Genève, CICR, p. 36.

25. *La Mobilisation 1939-1945, la Suisse en armes*, Morat et Zurich, Éditions SA Patriotiques, 1945, p. 208.

26. Lettre du 12 mai 1945 de la justice militaire à Aimée Stitelmann.

27. Rencontre avec l'auteur, décembre 1997.

28. Kaspar Villiger, discours prononcé aux chambres fédérales le 8 mai 1995.

29. Roger de Diesbach, « La Suisse accepte enfin le souvenir de ses héros oubliés », *Journal de Genève*, 5 avril 1995.

30. *Ibid.*

31. L'essentiel des informations concernant le film *La Dernière Chance* est tiré de *L'Histoire du cinéma suisse* de Hervé Dumont, Lausanne, éd. Cinémathèque suisse, 1987.

32. Pietro Boschetti, *LNQ*, 19 septembre 1997.

33. Voir essentiellement, Hans-Ulrich Jost, « Le pays où le silence est d'or », n° 7, décembre 1996, p. 2.

34. Pietro Boschetti, art. cit.

35. Friedrich Dürrenmatt, « La mise en œuvre », in André Reszler, *Mythes et Identité de la Suisse*, Genève, Georg, 1986, p. 92.

36. Friedrich Dürrenmatt, *op. cit.*, p. 99.

37. Friedrich Dürrenmatt, *Pour Vaclav Havel*, éd. Mini-Zoé, 1990, p. 7.

38. Jean-Baptiste Mauroux, *Du bonheur d'être Suisse sous Hitler*, Lausanne, éd. D'en bas, 1997 (1968).

39. Werner Rings, *L'Or des nazis : la Suisse, un relais discret*, Lausanne, Payot, 1985 (publié il y a longtemps en allemand).

40. Philippe Etter, « Démocratie et culture suisse, la démocratie suisse 1848-1948 », *op. cit.*, p. 261.

41. Philippe Etter, « Sens et mission de la Suisse », p. 136.

42. *The Guardian* du 27 octobre 86.

43. Edgar Bonjour, « La Suisse et l'étranger, un siècle de stricte neutralité, la démocratie suisse 1848-1948 », *op. cit.*, p. 199.

44. *Ibid.*

45. Bernard Crettaz, *La Beauté du reste, confession d'un conservateur de musée sur la perfection et l'enfermement de la Suisse et des Alpes*, éd. Zoe, 1993.

46. Ramuz, in Hans-Ulrich Jost, *Les Avant-Gardes réactionnaires, la naissance de la nouvelle droite en Suisse, 1890-1914*, éd. D'en bas, p. 135.

47. Rémy Pithon, « Peuples inanimés, avez-vous donc une âme ?, le cinéma suisse et les mythes nationaux 1938-1945 », *Histoire et société contemporaine*, n° 6, 1987, p. 39 sq.

48. Andreas Blocher, « Une espagnolade sur l'immobilisme suisse », *LNQ*, 13 et 14 janvier 1998.

49. Edgar Bonjour, *La Neutralité suisse, synthèse de son histoire*, Neuchâtel, Éditions de la Baconnière, 1978, p. 133.

50. Guisan, *in* Edgar Bonjour, *op. cit.*, p. 133.

51. Carl Gustav Jung, in Reszler, *op. cit.*, p. 36.

52. Maurice Chappaz, *op. cit.*, p. 27.

53. Voir Maurice Antoine, « La Suisse face à l'Empire américain », *op. cit.*, p. 21.

Deuxième Partie

« A votre grotesque tragique [en Tchécoslovaquie], on peut aussi comparer le grotesque suisse : il s'agit d'une prison, assez différente évidemment de celles où l'on vous a jeté, cher Havel, une prison où les Suisses se sont réfugiés. Parce que à l'extérieur de la prison, tout le monde se rue sur tout le monde, et parce que c'est seulement dans leur prison qu'ils sont sûrs de ne pas être agressés, les Suisses se sentent libres, plus libres que tous les autres hommes, libres détenus de la prison de leur neutralité.

« Il n'y a qu'un seul problème à propos de cette prison, c'est de prouver que ce n'est pas une prison, mais le refuge de la liberté. En effet, de l'extérieur, une prison est une prison et ceux qui sont dedans des prisonniers, et celui qui est prisonnier n'est pas libre : aux yeux du monde extérieur, seuls les gardiens sont libres, car s'ils n'étaient pas libres, ils seraient prisonniers.

« Pour résoudre cette contradiction, les prisonniers ont introduit l'obligation générale d'être gardien : chaque prisonnier fait la preuve de sa liberté en étant lui-même son propre gardien. La prison n'a pas besoin de murs parce que ses détenus sont gardiens et se surveillent eux-mêmes, et puisque les gardiens sont des hommes libres, ils font entre eux et avec le monde entier des affaires. Et quelles affaires[1] ! »

Extraits de l'allocution prononcé par Friedrich Dürrenmatt à l'occasion de la remise du prix Gottlieb Duttweiler à Vaclav Havel le 22 novembre 1990 à Zurich.

1

La tyrannie de la citoyenneté

La guerre froide fut un extraordinaire biotope pour la Suisse. Les crispations internationales, la crise de Berlin en 1948, la répression par les armées du Pacte de Varsovie de Budapest en 1956, la crise des missiles à Cuba en 1960, la répression du socialisme à « visage humain » en Tchécoslovaquie, allaient justifier une mobilisation sans précédent contre le communisme, lui permettant ainsi d'échapper aux règlements de comptes de l'après-guerre. Face à la menace de la guerre totale, la réponse suisse est simple : la défense générale. Tout doit être prévu, planifié, organisé, mis en place, prêt « pour le jour où ».

La politique de sécurité de la Suisse n'est pas seulement celle « d'un peuple en armes », ou d'une nation de citoyens-soldats, mais, plus fondamentalement, une politique de défense idéologique et psychologique : un pouvoir des armes allié à la résistance de l'esprit, une détermination inflexible qui arme le moral de la population — ce qu'Etter nomme la « défense spirituelle » mais aussi une exigence constante qui privilégie en pratique la défense au détriment de la liberté de pensée. Tel est l'esprit qui se développe durant la guerre froide et qui, au cœur de l'Europe, dresse, autour des 40 000 kilomètres carrés de la Suisse, une muraille de Chine. Un esprit venu de la « démocratie autoritaire » des années 1939-1945.

Ce « carburant idéologique », issu du climat de la Seconde Guerre mondiale, va, pendant près d'un demi-siècle, imprégner les comportements, infléchir les mentalités, instaurer l'immobilisme, vider le débat politique de sa substance, pousser les citoyens à déserter les urnes, justifier la surveillance de la population et faire le lit des dérives de l'État de droit. C'est là le syndrome de « la Suisse, œil du cyclone ». La neutralité armée est, plus que jamais, l'« étoile polaire » d'une diplomatie suisse dont la ligne est explicite : l'indépendance se conserve les armes à la main. Les gouvernements successifs, y voient à la fois une source de devoirs et une légitimité supplémentaire.

La confrontation Est-Ouest correspond, en Suisse, aux « années de granit », à l'esprit du « réduit national » — conformisme, silence, méfiance généralisée. Une méfiance envers l'ennemi de l'Est et les armées du Pacte de Varsovie qui peuvent déferler sur la Suisse par le corridor autrichien, mais aussi envers les femmes (qui n'obtiennent le droit de vote qu'en 1972) et les travailleurs étrangers qui constitueraient une cinquième colonne menaçant d'envahir la Suisse. A la crainte de l'*Überfremdung*, la « surpopulation étrangère », s'ajoute encore une méfiance envers l'Europe qui, lentement, se construit envers l'Assemblée générale des Nations unies boudée par la Suisse, envers l'« humaniste naïf », le syndicaliste, le socialiste, le pacifiste, le gauchiste, le libertin, le saisonnier, la féministe... qui, tous, menacent la Suisse de l'intérieur. Et enfin, une méfiance envers le peuple suisse lui-même. Sait-on jamais ce qui se cache sous l'eau qui dort?

Au vent du maccarthysme qui, dès 1950, souffle sur tout l'occident, la Suisse a donné sa tonalité particulière en construisant, pierre après pierre, un dispositif sécuritaire pour se prémunir du danger d'une paix jugée trompeuse : armée de milice, organisation de l'« armée secrète », surveillance policière de la population, protection civile, politique répressive à l'égard des étrangers. Dans les années cinquante, des centaines de fonctionnaires supposés communistes sont démis de leurs fonctions.

L'armée de milice, à laquelle tous les hommes valides participent jusqu'à cinquante ans par des entraînements de deux à trois semaines, est au cœur de ce dispositif de résistance. Pourtant, depuis le départ du dernier soldat de Napoléon en 1815, l'armée suisse n'est plus intervenue que pour réprimer des grèves et des mouvements sociaux. Quatre ouvriers sont tués dans le tunnel du Gothard par l'armée en 1875 — armée qui intervient encore deux fois contre les ouvriers dans le tunnel du Simplon en 1899 et 1901, une fois dans le tunnel du Ricken en 1904, et une fois dans le tunnel du Grand-Saint-Bernard en 1913. Elle tue des manifestants lors des grèves de 1918 et 1919 et, en 1932, de jeunes recrues tirent à Genève contre des manifestants de gauche qui s'opposaient à l'extrême droite : 13 morts, plus de 80 blessés.

Dans l'espace public, ce n'est pas cette mémoire qui prévaut, mais celle du « réduit national », du ciment que constitue l'armée. Le conseiller fédéral Philipp Etter écrit en pleine guerre : « Dès que je porte l'uniforme, je me sens Suisse et je laisse le Zougois dans les vêtements civils [...]. L'armée n'est pas le seul, mais un des liens les plus importants qui réunissent les Confédérés [...]. L'armée, chez nous, n'est pas une caste excluant le peuple. Armée de milices, elle représente le peuple en armes. Pour l'homme qui sait voir les faits à la lumière de l'histoire, le Suisse, du reste, ne se sépare pas du soldat[2]. » En 1988, le gouvernement réitère cette identification entre le citoyen et le soldat : « La Suisse n'a pas une armée. La Suisse est une armée. » Au prétexte d'un environnement menaçant, ce dispositif idéologique a fait de la Suisse une forteresse assiégée, une citadelle imprenable. Sans doute la neutralité armée s'explique-t-elle par une peur fondamentale, celle du déchirement intérieur lié à une identité insaisissable. Assurément injustifiée dans la seconde moitié du XXe siècle, cette peur n'en est pas moins réelle.

C'est cette politique quasi paranoïaque qui, au nom de la neutralité armée, a tout justifié et tout légitimé, a volontairement superposé la société militaire à la société civile, transformant chacun en défenseur d'une nation menacée, au risque de brider la liberté d'expression et de pensée. Ainsi, au début des années soixante, la Défense rêve de posséder 400 ogives nucléaires[3]. Cinq tonnes et demie d'uranium sont alors importées du Congo belge... Puis le gouvernement joue double jeu : il défend publiquement le contenu de l'accord de non-prolifération des armes nucléaires, signé par la Suisse en 1969 et ratifié en

1977, tout en autorisant formellement, puis tacitement, la poursuite d'études sur la possibilité de doter l'armée suisse de l'arme atomique. Le coup de grâce au projet nucléaire militaire suisse n'est donné que le 1er novembre 1988 par le conseiller fédéral Arnold Koller, avec la dissolution d'une commission de travail en semi-hibernation depuis plusieurs années.

Cette Suisse « menacée » de toute part légitime la surveillance des citoyens (un habitant sur dix fiché, y compris les enfants) au nom d'une idéologie qui suspecte tous les « déviants » intellectuels d'être « à la solde de Moscou ». Terrible hiatus : les tables de la loi de la démocratie suisse font pourtant du peuple le « souverain »; celui qui, par le référendum et l'initiative populaire, exprime la volonté générale, corrige la politique gouvernementale dont les élus ne sont en fait que « mandatés » par le « peuple » pour « gérer » le pays, et non le conduire.

Mais cette politique même pousse à la création d'abris atomiques pour la population, allant jusqu'à envisager une vie souterraine pendant plusieurs mois ou années. Au nom de cette vision du monde, le gouvernement a estimé nécessaire de se doter d'une armée secrète échappant à tout contrôle parlementaire pour se défendre en cas d'occupation partielle et totale du territoire ou de bouleversements intérieurs, bafouant au passage les règles du droit et la Constitution. Seuls quatre députés sont mis dans la confidence et n'en soufflent mot à leur parti.

En fait, c'est une conception tyrannique de la citoyenneté qui se dessine, dans un environnement psychologique qui a rendu possibles des abus et des dérapages parfois dangereux.

Dans ce pays où le civil se confond avec le militaire, il y eut, dans les années cinquante, des Dr Folamour de la médecine : des patients ont été irradiés à mort pour faire des expériences. Hans Schinz, directeur de la clinique et polyclinique radiothérapeutique de l'université de Zurich, a fait partie des principaux promoteurs de l'armement atomique de l'armée suisse. Avec le professeur bâlois Paul Hubert, directeur du département de physique de l'université et avec le futur commandant de corps Eugen Studer, il a rédigé un argumentaire qui fut publié sous le titre : *Problèmes de l'armement atomique en Suisse*. Hans Schinz écrit : « La menace que représente pour l'humanité la radioactivité croissante est incomparablement plus faible que celle constituée par l'asservissement politique, la privation des droits du citoyen et l'esclavage communiste. » Il justifie ainsi des expériences visant à une meilleure compréhension de l'effet médical et biologique des armes atomiques : « Nous devons provisoirement offrir ces victimes à la liberté, tant qu'il sera nécessaire de maintenir l'équilibre de la dissuasion. » Parmi les victimes figure une fillette morte des suites d'une radiothérapie sucessive. Une thèse a été consacrée à son histoire. Alors qu'elle n'avait que trois mois, les médecins de l'hôpital cantonal de Bâle décident de traiter une tache de vin par une dose massive de radium. L'enfant meurt trois ans plus tard, dans de terribles souffrances, des suites de cette radiothérapie. Le rédacteur de la thèse, Adolf Meier, affirme que la dose de radium administrée à la fillette devait inéluctablement la conduire à la mort. Les médecins le savaient. Pourquoi n'en ont-ils pas tenu compte ? Neuf autres personnes atteintes du cancer du larynx, de l'œsophage, de la trachée ou du sein, furent soumises à des doses mortelles de rayons X dans les années cinquante. Cette constatation aurait dû être faite à l'époque, mais le responsable, le Dr Henzi, se préoccupait avant tout de ses expériences sur les conséquences de l'irradiation de leurs poumons, parfaitement sains auparavant... Dans une pièce de Dürrenmatt, intitulée *Les Physiciens*, trois savants, terrifiés par l'une de leurs découvertes, tentent vainement d'empêcher son développement en se faisant interner dans un asile psychiatrique[4].

C'est cette même logique qui se met en place dans la guerre froide. Une logique menée au nom de la défense contre le communisme, que le perfectionnisme et la prospérité helvétiques vont mener à son terme. Pour les autorités, le bénéfice politique est double. Sur le plan extérieur, la Suisse se soude au camp occidental et oblitère la tache noire de la Seconde Guerre mondiale. Mais cette politique produit aussi des bénéfices en termes d'image de stabilité et de permanence. Comment des ressortissants d'Europe ou du tiers monde — soit à cause des crises internationales, de l'instabilité de leur gouvernement ou de l'importance des ponctions fiscales — ne seraient-ils pas rassurés de mettre leur épargne dans un pays aussi sûr qu'un coffre-fort? En outre, à l'intérieur des frontières, cette politique permet de conserver la population dans un état de mobilisation psychologique.

Un dilemme redoutable se pose toutefois aux autorités : comment à la fois mobiliser en permanence les esprits et permettre l'expression du libre débat démocratique? Comment, autrement dit, faire silence et faire acte de parole, c'est-à-dire engager un débat? Les exigences démocratiques peuvent entrer en contradiction avec la volonté d'un État à la pensée homogène. Ce qui, comme le concédait le Groupe d'études stratégiques, pose problème : « La volonté de défendre la communauté nationale dépendra de la capacité de réforme et de modernisation et, de manière générale, de la possibilité d'être prêt à agir [...]. Nous devons rester conscients que cet État [...] repose sur une certaine identification des citoyens qu'on ne peut susciter, mais qu'il faut savoir cultiver. » Bref, les citoyens doivent adhérer — et ils l'ont d'ailleurs fait massivement. Pourquoi ? Parce qu'ils se reconnaissaient à la fois dans les éléments de la cohésion nationale, la démocratie directe par laquelle l'État devenait l'affaire de tous, dans le fédéralisme permettant à chaque entité locale de reconnaître sa propre existence, dans une structure sociale relativement homogène, et enfin dans le système de milice qui impose à chaque homme de servir périodiquement dans l'armée jusqu'à cinquante ans. On peut y ajouter un autre facteur : une vaste majorité de Suisses se reconnaissent dans un pays qui est devenu l'un des plus riches du monde, et où ils ont les salaires les plus élevés de la planète : cette prospérité même est la confirmation du bien-fondé des choix politiques du pays. Comment pourrait-on avoir politiquement tort, dans un pays où le chômage est inexistant et les salaires deux fois supérieurs à ceux de nos voisins ?

Une grande partie des Suisses, parce qu'ils adhèrent à la mythologie officielle et récoltent les fruits de la prospérité économique, vont se satisfaire de cette tyrannie de la citoyenneté. Celle-ci a cependant un coût. Par le soupçon généralisé qu'elle nourrit à l'égard de ceux qui ne pensent pas comme les autorités, par le système de surveillance et de fichage qu'elle exerce, et enfin par les instruments de contrôle qu'elle légitime, elle est un frein de la démocratie. En voulant encadrer le débat politique, elle l'anesthésie. La politique étrangère suisse n'échappe pas à cette autocastration. Jusqu'en 1883, le Département de politique fédérale ne comprend que deux personnes : le ministre et un employé. Dans l'après-guerre, la diplomatie suisse n'est guère que le porte-serviettes des multinationales — à l'instar du Japon des années cinquante et soixante, dont on qualifiait désobligeamment le Premier ministre de « vendeur de transistors ». Le 26 juin 1948, lors de la journée des Suisses de l'étranger, le chef du DPF, Max Petitpierre constate : « Notre statut de neutralité perpétuelle nous interdisant toute alliance politique et militaire, l'histoire de nos relations extérieures est, en somme, depuis près d'un siècle, celle du développement de nos échanges commerciaux et financiers avec les autres pays. » Dans les années cinquante, plus de 40 pour cent des délégués de la Confédération helvétique aux négociations internationales sont des membres d'associations patronales[5] ! Autre signe révélateur : ce n'est qu'en 1979 que le Département politique fédéral ose adopter le nom de « Département des Affaires étrangères ». Mais, par la suite, la diplomatie suisse n'est guère que l'hôtelière accueillant les sommets entre « Grands » et les rencontres discrètes autour d'un feu de cheminée... Nous sommes loin de l'activisme du Premier ministre suédois Olof Palme et du chancelier autrichien Bruno Kreiski, tous deux représentants de pays neutres.

Autre symptôme de cette position de retrait, la Suisse juge son appartenance à l'Organisation des

Nations unies incompatible avec son statut; cette position de repli la dispense de voter à l'Assemblée générale. En se dispensant d'un débat intérieur, elle s'exonère du devoir de penser le monde. Cette mutilation librement consentie est un amoindrissement de l'être suisse au monde. Ce retrait se veut un acte d'humilité face aux grands enjeux, mais ce n'est qu'un argument en trompe-l'œil. Cet effacement, qui lui confère *a contrario* une grandeur supplémentaire n'est que le triomphe de la supériorité morale du petit qui refuse de se jeter dans l'arène sanglante où les nations s'entre-déchirent, et boude une Europe en construction. Suprême habileté, ce petit ne l'est qu'en apparence : y compris en valeur absolue, tous les indicateurs économiques et scientifiques classent la Suisse parmi les quinze nations les plus performantes du monde.

Cette démocratie autoritaire a marqué les esprits au point de se radicaliser dans les mouvements xénophobes des années soixante-dix et quatre-vingt, comme dans le rejet de l'Europe. C'est finalement cette vision du « Sonderfall helvétique », distillée pendant les décennies de la guerre froide par les autorités, dont la Suisse a payé le prix dès la chute du Mur en 1989.

La défense totale

Le 12 octobre 1969, après des années de travaux préparatoires, Ludwig von Moos, ministre de la Justice et de la Police, est enfin en mesure de convoquer la presse au Palais fédéral. Il y présente un ouvrage au tirage sans précédent : 1,2 million d'exemplaires, envoyés à tous les foyers de Suisse. Ludwig von Moos conclut sa lettre adressée à l'« ami lecteur » par ces mots : « Conservez donc précieusement ce livre, lisez-le attentivement et assurez-vous de temps à autre qu'aucun préparatif n'a été négligé. » Le livre de la *Défense civile*[6] est (dont l'un des deux auteurs, Albert Bachmann, deviendra chef des renseignements militaires) est à la fois un manuel d'éducation politique et un outil pratique contre les risques de subversion et de guerre. Son format et sa couleur rouge en font le contrepoint parfait du « petit livre rouge » de Mao : l'ouvrage vise à fortifier l'esprit de résistance des Suisses pour « une époque où notre patrie pourrait être menacée », comme l'écrit le ministre Ludwig von Moos.

C'est, en réalité, un étonnant instrument de propagande ou, dans l'esprit du gouvernement, de « contre-propagande ». Dans la préface, Ludwig von Moos affirme : « La guerre ne se fait plus avec des armes seulement. Elle est devenue psychologique. Une propagande sournoise, bien avant que ne se déclenche les opérations, peut détruire la volonté de résistance d'un peuple. Quand l'esprit et le cœur flanchent, quelle est la force du bras ? En revanche, quand une nation tout entière fait bloc autour de chefs déterminés, qui pourrait l'asservir ? Voulons-nous survivre ? Voulons-nous sauver l'essentiel de nos biens ? [...] Nous sommes tous appelés à des tâches nouvelles. Il faut nous y préparer dès maintenant. Qui que nous soyons, hommes ou femmes, jeunes ou vieux, ce livre nous concerne [...] » Le message martelé est celui d'une Suisse constamment menacée : « Chaque citoyen doit se préparer à subir le choc d'une guerre. Les surprises mènent aux catastrophes. Affirmer : nous n'aurons jamais de guerre chez nous, est une imprudence qui pourrait avoir des conséquences désastreuses[7]. »

Le livre est bien sûr un reflet des préoccupations du temps : mai 1968 en France et la montée des mouvements gauchistes et hippies en Occident, la guérilla en Amérique latine encouragée par Fidel Castro qui rêve d'exporter « dix ou cent Cuba », le terrorisme palestinien, la menace soviétique... Le livre, divisé en autant d'exemples pratiques de menaces, est conçu pour fournir toutes les réponses à la population. Son objectif est d'arriver à développer des réflexes automatiques devant l'imminence de ces multiples dangers, réels ou très hypothétiques. La table des matières en témoigne bien : le danger de subversion ; les armes atomiques, biologiques ou chimiques ; la rupture de barrages ; la lutte contre le feu ; la guerre économique ; le combat révolutionnaire ; l'ennemi cherche des partisans ; la propagande étrangère ; la terreur et le coup d'État ; le droit à la résistance ; l'occupation ; les indignations inutiles ; les provisions de ménage pour deux mois ; les réserves de secours et même les chants patriotiques...

L'un des chapitres a même pour titre : « A guerre totale, défense totale ». Cette vision paranoïaque du monde en vient même à douter de la fidélité du « citoyen-soldat » suisse, susceptible de se laisser entraîner comme un benêt dans la voie de la soumission. C'est, selon le psychiatre Walter Vogt, « le réveil de la névrose du hérisson ». « On y reconnaît, ajoute-t-il, la mauvaise foi de l'internationale de la bêtise, de la haine et de la peur. » Les auteurs et les autorités affirment dans ce livre que la Suisse serait en train de subir une « seconde forme de guerre » plus insidieuse, plus menaçante, plus perverse que ne le fut la Seconde Guerre mondiale. Ainsi, il pourrait arriver que « l'ennemi [Moscou, cela n'est pas dit, mais transparaît à chaque page] gagne en temps de paix, à force de flatteries, de propagande, de pressions économiques, de préparation culturelle et d'infiltration de partisans, une telle influence sur le peuple et les autorités que le pays risque un jour de finir par se soumettre sans résistance [...]. La seconde forme de guerre est d'autant plus dangereuse qu'elle est masquée. Elle ne semble pas venir de l'extérieur. Camouflée, elle s'insinue dans le pays sous des aspects multiples. Elle vise à bouleverser toutes nos institutions et, avec elles, nos modes d'existence. Elle n'inquiète d'abord personne : elle avance avec précaution. Ses victoires ne sont pas sanglantes. Elle parvient à ses fins sans violence, le plus souvent[8] ».

Le livre de la *Défense civile* engendre la peur et justifie, par-là même, la nécessité d'encadrer idéologiquement la population. Il est un hymne à l'exceptionnalité suisse, qui doit puiser dans ses valeurs les ressources de sa résistance. Les autorités en appellent à la défense spirituelle, afin « d'aiguiser notre discernement [...] et forger dans l'acier notre volonté de résistance morale pour pouvoir résister avec succès à la propagande d'un éventuel ennemi qui tenterait de mobiliser nos consciences ou d'influencer, par son agitation, nos sentiments, nos instincts ou même notre subconscient ». Face à cette propagande, l'armée doit être prête en tout temps à réprimer une attaque venant de l'extérieur, mais aussi « des désordres suscités à l'intérieur du territoire ». La défense économique doit « nous empêcher de tomber dans la dépendance d'une nation étrangère, ou d'un groupe de nations ». L'accent est également mis sur la défense sociale (« la situation sociale doit être acceptable pour tous les citoyens »), et sur la défense spirituelle qui « veille à donner au peuple une information judicieuse lui permettant de résister aux propagandes idéologiques étrangères de nature à affaiblir notre volonté d'indépendance ».

Tous les cas de figure sont envisagés : « Ne soyons pas dupes lorsque l'on nous affirme que la classe ouvrière des pays totalitaires prendra bientôt ses vacances dans l'espace. Observons la condition qui lui est aujourd'hui offerte et souhaitons-lui quelques jours de détente et de liberté sur la terre où nous sommes [9]. » A la fin des années soixante, la Suisse connaît l'une des périodes de croissance les plus fortes de son histoire, mais il ne faut pourtant pas faiblir : C'est le propos d'un des scénarios catastrophes imaginaires destinés à galvaniser les énergies face au pire. « La guerre dure autour de nous depuis plus d'un an, les postes n'assurent plus qu'un courrier par jour et les fournisseurs ne livrent plus à domicile. Personne ne s'en plaint. Les invitations se font rares et le repas frugal. On ne s'en porte pas plus mal. » « ON TIENT [précisé en capitales], il faut économiser l'électricité, la réserve de charbon fond comme neige au soleil, l'aiguille de la citerne à mazout manifeste une déplorable tendance à la baisse... » « ON TIENT. » Seule bonne nouvelle : « Savez-vous que les médecins affirment que la santé nationale est meilleure qu'avant la guerre ? L'infarctus se fait plus rare. » « TANT MIEUX. » Après tous ces drames virtuels, il faudrait être un citoyen bien inconséquent pour oser demander le vote des femmes ou un statut légal pour les objecteurs de conscience. Car, à tout moment, le pire peut survenir.

Autre danger — et autre scénario : une attaque-surprise. « A 6 heures précises, la première fusée est tombée sur la ville. Dans une rafale atroce et, pendant 22 minutes, près de 800 projectiles suivirent, détruisant la presque-totalité des quartiers du centre [...] L'arme atomique n'a pas été utilisée [...] » Le conseil : « Méfions-nous. » Dieu merci, face au désordre et aux mots d'ordre de grève, « la classe ouvrière n'est pas dupe, car la situation actuelle ne résulte pas d'une faute commise par le patronat ». La résistance spirituelle ? Soit l'événement suivant : « Une cinquantaine de personnalités des milieux divers se sont rassemblées hier [...] Elles accusent la presse suisse d'être intransigeantes à l'égard des ouvertures bienveillantes faites par les puissances totalitaires. » Réponse : « L'ennemi cherche à noyauter nos rédactions. » Le gouvernement pourrait donc intervenir en ces termes : « Il existe une forme de guerre qui, pour être moins destructive que la force des armes, n'en est pas moins aussi redoutable. Ne vous laissez pas induire en erreur par une politique ennemie, perfide et camouflée, qui pourrait être retransmise sur les longueurs d'onde de nos émetteurs nationaux. »

La Suisse est occupée ? Un directoire national s'est composé en exil. Un premier bulletin radio de Suisse liberté a été capté : « Vous rongez votre frein ! Vous piaffez d'impatience ! Nous aussi ! L'heure viendra. Gardez vos forces intactes. Nous n'en aurons pas de trop le jour où sonneront les cloches de la libération. » Des tracts sont distribués : « Ne perdez pas courage [...] Ne tuez ni l'ennemi, ni les collaborateurs suisses [...] Dès que nous pourrons agir utilement, nous agirons[10] »...

Le livre de la *Défense civile* présente les intellectuels comme des traîtres, sensibles au chant des sirènes de l'ennemi ; quiconque se permet de remettre en cause les choix des autorités, ou de rêver à une autre Suisse, est déjà suspect d'être, par naïveté ou par ruse, complice de l'ennemi de l'Est prêt à fondre sur la Suisse, complice des traîtres à la patrie. D'où cette mise en garde : « Il est trop facile de s'abandonner à un humanitarisme naïf. »

Ce livre, véritable manuel idéologique de la Suisse officielle durant la guerre froide est animé par l'esprit du « réduit national », même si la doctrine militaire a évolué (il n'est plus question d'abandonner la population civile aux mains de l'ennemi). Cet état de mobilisation psychologique — ne se justifiant qu'en état d'alerte ou en état de siège, les autorités instaurent de manière permanente un état de siège psychologique, créant ainsi une obsession sécuritaire débordant les frontières de la légalité, et outrepassant le respect du droit démocratique. Cette psychose a, au nom de prétendus impératifs de survie, réduit à néant le débat politique et constitué le plus sûr obstacle à l'intégration de la Suisse dans les affaires de l'Europe et du monde.

2

Apocalypse now

Dans ce dispositif sécuritaire destiné à contrer la menace permanente qui, selon les autorités, plane au-dessus du pays, l'institution militaire a joué un rôle fondamental. Puisque le danger n'est pas seulement extérieur, mais peut également provenir d'un relâchement de la cohésion nationale, l'armée est naturellement perçue comme le principal ciment politique, culturel et social. Un texte du gouvernement suisse affirme : « Aussi grotesque que cela puisse paraître, un pays "éternellement" neutre est, au fond, le seul auquel le droit des peuples interdit de désarmer. »

Comment ne pas voir dans l'armée suisse un processus d'encadrement social et politique ? En effet, la hiérarchie militaire redouble la hiérarchie de la société civile : les chefs d'entreprise et les cadres sont généralement officiers, le personnel qualifié (contremaîtres, etc.) sous-officiers et les autres, soldats. Les entraînements, obligatoires puisque à l'âge de cinquante ans (que la réforme « Armée 95 » a ramené à quarante-deux ans), expriment clairement cette idée d'une unité nationale menacée, donc passant outre les contradictions d'intérêt, les conflits sociaux et, plus encore, une hypothétique « lutte de classes ». Un message que reprend à son compte Werner Wirth, directeur du Crédit Suisse, avant la votation en faveur de l'abolition du secret bancaire proposée par le Parti socialiste rejeté par une majorité de Suisses : « Pas de défense nationale sans banque efficace », ajoutant : « Si les banques paient de très gros impôts, elles font en outre des efforts particuliers pour mettre leur personnel à la disposition de l'armée [...]. Le Crédit Suisse comprend à lui seul 490 officiers, soit 4 pour cent de son effectif masculin. En cas de crise ou de guerre, les banques envisagent de soutenir financièrement la Confédération[11]... »

Au nom d'une doctrine fondée sur la dissuasion, à partir des années cinquante, l'armée suisse s'est lancée dans une course à l'armement : l'esprit de « défense totale » justifie tout, y compris la volonté de se doter de l'arme nucléaire. L'utilisation de la bombe est ainsi sereinement envisagée par Chaudet, le ministre de la Défense : « L'intégrité de notre territoire serait mieux assurée, soit par l'effet dissuasif de nos armes nucléaires, soit par leur mise en action. » Les seules limites à cette politique d'armement sont économiques. Les crédits militaires, entre 1951 et 1960, dépassent les 2 milliards de francs. En 1991, l'économie consacre 2,5 milliards par an à la défense nationale. Le nombre de citoyens-soldats est de 625 000, auxquels s'ajoutent 45 000 réservistes, soit 670 000 hommes — l'équivalent de 15,2 au km^2 contre 0,2 aux États-Unis et en Union soviétique (avant l'implosion de l'URSS), 0,9 en France, et 23,8 en Israël. Jusqu'à aujourd'hui, la Suisse reste l'un des pays du monde — avec Israël — les plus militarisés de la planète. « Tout Suisse est tenu au service militaire », affirme la Constitution fédérale. A titre de comparaison, la Chine a 1,3 million d'hommes sous les drapeaux pour un milliard d'habitants, soit à peine deux fois plus que ce que la Suisse peut mobiliser en moins de deux jours[12].

Cultivant la mythologie de Guillaume Tell et les habitudes guerrières du Moyen Age, les Suisses détiennent chez eux un arsenal impressionnant. On se souvient des paroles de Montesquieu : « La Suisse est indomptable parce qu'il n'y a pas un homme parmi eux qui ne sache manier une arme. » 755 000 fusils d'assaut, 1000 000 de mousquetons, 200 000 pistolets, 200 000 armes de collection, de chasse et de sport — et en tout, quelque 2 150 millions d'armes à feu[13]. La Suisse est le seul pays à distribuer des armes au peuple. En imposant ce système de milice militaire, aucune autre démocratie occidentale — à part l'État hébreu, soumis à d'autres contraintes — n'a exigé un tel effort de la part de ses citoyens.

Tout est prêt pour la mobilisation : mobilisation partielle, si l'affiche est blanche avec cadre rouge, générale, si l'affiche est blanche barrée d'une large bande rouge. Les 625 000 hommes ont alors moins de 48 heures pour se rendre sur un lieu prédéterminé. Chacun sait ce qu'il doit prendre : emballé dans des sacs plastique, il doit se munir de 500 grammes de pain, 300 grammes de biscottes, 200 grammes de viande en conserve, lard ou saucisson, 150 grammes de fromage en boîte, 100 grammes de fruits secs, du chocolat, du café et du thé. Chaque soldat connaît son chef, son unité et son lieu de mobilisation, et chaque capitaine possède, dans une lourde caisse en bois fermée par un cadenas d'acier, des documents secrets relatifs aux lieux où les munitions et le matériel sont entreposés[14].

Dans tout le pays, quelque 2 000 ouvrages d'art tels que les ponts, les tunnels, les routes, etc., sont minés en permanence. Tout est prêt pour leur destruction. Les soldats possèdent les plans de démolition et, dans la plupart des cas, l'explosif est déjà placé. Il ne manque plus que le dispositif de mise à feu. Pour les grands tunnels et les aérodromes, le gouvernement est seul autorisé à en ordonner la destruction, mais il peut cependant déléguer cet ordre aux militaires. Un officier raconte : « Lors de sa construction, tout ouvrage doit contenir un espace aménagé pour les explosifs. Il ne manque que les détonateurs. Même les ponts de la vieille ville de Berne, classés par l'Unesco, ont été minés jusqu'en 1996. Il ne reste aujourd'hui qu'un faible danger pour qu'un terroriste trouve le moyen de les faire exploser, car le processus de destruction a été minutieusement élaboré. Après avoir ouvert une plaque en fonte, les gardes de forteresse à qui est dévolue cette mission de destruction accèdent à une grille, construite comme un jeu d'échecs, avec différentes possibilités. Ils doivent envoyer deux charges creuses en même temps, suivant une combinaison très précise. Les gardes de forteresse sont prêts en permanence. »

Redoutant une attaque surprise des forces soviétiques aéroportées, les militaires suisses avaient aussi miné les aéroports civils de Genève et de Zurich, et — cela va sans dire — les aérodromes militaires. Dans les aéroports civils, les charges n'ont été retirées qu'en 1997. Les barrages artificiels sont eux aussi minés. Les niveaux de décision autorisés à donner l'ordre de destruction ont été précisés dans les moindres détails. Les cols alpins, ainsi que le tunnel du Gothard dont l'anéantissement couperait la Suisse en deux, sont, eux aussi, minés. « Pour le cas où. » Dans l'histoire de l'humanité, aucun pays n'a sans doute préparé aussi méticuleusement sa propre destruction. La Suisse s'est mise en état d'urgence permanent. Tout est danger — le monde extérieur mais aussi, potentiellement, le corps social.

Cette préparation à l'autodestruction a comme précédent la doctrine du « réduit national », entre 1939 et 1945, sans équivalent dans l'histoire de la stratégie militaire. Aucun pays ne s'est préparé si systématiquement à abandonner sa population civile à l'ennemi pour organiser, comme ce fut le cas en Suisse, une résistance à l'arrière, dans le massif alpin. Il y a, dans ce consentement à la terre brûlée, à la population sacrifiée, à la montagne explosée, un choix qui n'est pas seulement dicté par des impératifs stratégiques, mais bien par une vision sacrificielle devant la menace d'invasion de barbares. La mort est méthodiquement organisée, et elle est le fruit d'une pensée rationnelle, non d'une situation désespérée. Une nation d'amoureux de l'horlogerie et de la mécanique de précision a préparé, en toute quiétude, l'apocalypse alpine.

Il est proprement ahurissant que, dans ce pays où la mémoire de la guerre est absente, l'autodestruction puisse être si sereinement envisagée, acceptée et mise en place, sans l'ombre d'une discussion, par presque tout un peuple. Comme si la guerre était un jeu virtuel où l'on mimerait sa propre fin, tout en ayant toujours la faculté de dire « pouce ». Comme si l'inconscience de l'épaisseur tragique de l'histoire engendrait cette folie s'attaquant à tout ce qui est de l'ordre du contact — ponts, tunnels — et du progrès technique — barrages, aéroports. Art du simulacre — sauf qu'ici, les bombes sont réelles.

Un ventre de granit

À la fois cœur du système défensif et emblème de la Suisse, le « réduit national » en représente en quelque sorte la matrice, le ventre de granit vers lequel se replient ses fils au moment du danger. Le colonel Chaperon, aujourd'hui retraité et qui « rêvait d'être artiste peintre dans sa jeunesse », fut le commandant des gardes de la forteresse de Saint-Maurice, contrôlant l'approche du Gothard. Ces soldats sont des professionnels de l'armée suisse, à la fois « les concierges et la conscience du réduit national », car ils en détiennent les secrets et la mémoire. Ultime incarnation de l'esprit du lieu, cultivant dans l'obscurité des souterrains le souvenir de cette guerre qui n'a jamais eu lieu, ils appartiennent à « cette armée de l'ombre » qui, pendant des décennies, a installé des canons dans les montagnes, passant des jours, des semaines, des années à la lumière artificielle afin d'organiser une existence quasi « utérine », et qui ont tu leurs activités à leurs femmes et à leurs enfants, pour préparer à l'intérieur de ces montagnes creusées comme du gruyère un dispositif militaire secret huilant les machines, bichonnant les moteurs, préparant les chaînes de montage... « au cas où ».

Un officier, lui-même fasciné par cet univers à mi-chemin entre James Bond et Kafka, raconte : « C'est un système bureaucratique devenu fou, tout en restant totalement cohérent avec lui-même : toutes les lignes téléphoniques en Suisse sont doublées de manière souterraine, toutes les chaînes de montage dans les usines d'armement sont elles aussi doublées, de manière à pouvoir être enterrées dès l'annonce de la guerre, des hangars pour avions sont aménagés dans la roche, des files de camions peuvent être protégés et, le cas échéant, réparés dans le réduit national... »

Vu sous un certain angle, le réduit national est un fantasme réalisé. Un monde à la fois rocailleux, par le matériau qui le constitue, et lisse, par l'absence d'aspérité sociale. Un univers utérin devenu le meilleur des mondes, avec ses villes secrètes enterrées, sa place réservée pour les autorités civiles, ses abris antinucléaires, ses milliers de bunkers, son équipement et son armement moderne... Le Gothard en est la capitale, avec ses 80 kilomètres de galeries souterraines.

Dans le livre *L'Armée*, le journaliste Roger de Diesbach en dresse l'inventaire : « La Suisse des cavernes existe. Il y a, dans le granit du pays, un ou plusieurs palais fédéraux souterrains, et une banque nationale sous roc pour abriter la partie de notre or qui ne sera pas cachée à l'étranger. Creusés dans le granit, les ouvrages de la Seconde Guerre mondiale subsistent et sont même modernisés chaque année, adaptés aux armes les plus puissantes. On a enterré des aérodromes, des casernes, des radars, des armes, dix hôpitaux militaires (quarante sont prévus, sans compter quelque deux cents hôpitaux civils), des stocks de vivres, des munitions, du carburant, des boulangeries, des usines (par exemple une usine de piles qui a coûté 32 millions), des réseaux de câbles téléphoniques reliant les multiples cavernes du pays. Au total, l'armée stocke une tonne de munitions et de matériel divers par soldat. Chaque année, la Suisse consacre 300 à 400 millions de francs pour améliorer ses ouvrages et ses installations de défense[15]. »

Le colonel Chaperon explique : « En quelques heures, on était prêts à passer à l'état de guerre. Les troupes de forteresse [celles qui occupent les fortifications] seraient arrivées dans les 24 heures. L'équipement était prêt pour elles. »

Dans les années soixante-dix et quatre-vingt, l'armée suisse ne cesse de moderniser le « réduit national ». Elle enterre des lance-mines de 12 centimètres, met en place des installations contre les armes atomiques et chimiques, adapte les aérodromes aux cavernes[16]...

A Saint-Maurice, les 50 kilomètres de galeries sont restés « top secret », jusqu'au début 1997; 20 000 mille soldats pouvaient s'y terrer. Le sergent-major Bressoud montre un bâtiment gris : « Ne vous fiez pas à son apparence, c'est l'une des entrées de la forteresse. » Tout est camouflé. Une paroi rocheuse : on y entre, comme dans un film d'espionnage, par une porte gardée par un nid de mitrailleuses. Le monde souterrain commence ici. Ici, c'est Savatan, 600 mètres d'altitude, et au-dessus, à 800 mètres, il y a Dailly. Les deux endroits sont reliés à l'intérieur de la montagne par un nombre incalculable de galeries, balisées de flèches indiquant les directions. De place en place, des portes blindées de 40 centimètres d'épaisseur ouvrent leurs meurtrières pour y loger des fusils-mitrailleurs. Le sergent-major Bressoud affirme : « Ces portes résistent à tous les explosifs. Elles pèsent deux à trois tonnes. » Entre deux de ces portes volumineuses se trouve le sas de décontamination. « On enlève ici le masque à gaz. Nous sommes de nouveau en zone habitable. La ventilation crée une surpression avec les portes étanches. » Passé la seconde porte, on trouve un carrefour. Dans l'une des directions, on aperçoit le panneau de la poste, et une montre pareille à celle que l'on voit dans toutes les gares helvétiques (car on ne sait plus si on est le jour ou la nuit), des dortoirs et un réfectoire pour une centaine de personnes. Tout est étiqueté. On y trouve encore la chambre des sous-officiers, avec des casiers qui ferment à clef, une salle de théorie, des postes de télévision, des magnétoscopes, une station de radio, une boulangerie pouvant approvisionner des milliers de personnes, des rangées de lits sur deux étages, calculés pour un roulement, en temps de guerre, de trois équipes de huit heures (« une partie se repose, une partie est de garde et une partie sert les lance-mines de 12 cm et la pièce d'artillerie de 7,5 cm »).

« On peut tenir des années », affirme tranquillement un sous-officier, ajoutant que « tout a été refait en 1995 ». Un groupe électrogène assure le chauffage et la lumière. Il y a là des spécialistes des moteurs qui sont de permanence jour et nuit. L'un d'eux se plaint de « maux de tête, à force de rester sous terre ». Il se souvient « du temps où on était mobilisé sur-le-champ pour des exercices ». Comme ses compagnons, il a connu les années soixante-dix où il passait encore une semaine ou dix jours « sans voir un rayon de lumière naturelle ». Un sous-officier dénommé Barman montre un moteur

Sulzer de 1952 : « Tu vois les boulons ? On les serrait à la masse. On a tout ici pour réparer en cas de panne. » A côté, il y a la morgue. Deux cents places. « Les cadavres seraient évacués au fur et à mesure », explique benoîtement le sergent-major Bressoud.

Plus loin, protégées par d'autres portes monstrueuses, se situe le quartier de commandement. Devant une porte, on peut voir une paire de pantoufles... Le colonel Chaperon l'avait dit : « Les troupes qui effectuent ici leur cours de répétition (chaque année ou tous les deux ans) ont un sentiment de propriétaire envers leurs forteresses. Elles se sentent chez elles... » Le central téléphonique est au quartier de commandement, car le réduit est « aveugle » : on ne voit rien, on n'entend rien, on ne sait rien du dehors. Cécité et surdité qui ont presque valeur de symbole... Le sergent-major Bressoud explique : « Le but d'une fortification, c'est de défendre le terrain. On est en contact par téléphone avec l'extérieur pour guider les tirs. Nos canons tournent sur 180 ou 360 degrés. Des ordinateurs ajustent les tirs en fonction des indications reçues. »

Sur les portes, les prix du matériel sont indiqués. L'essuie-mains est à 5 F, le cendrier mural à 8 F, et le porte-savon à 5,9 F... Plus loin encore, toujours dans cette ville souterraine construite sur un nombre impressionnant d'étages, se trouve le quartier sanitaire, avec hôpital, salle d'opération, laboratoire d'analyses, salle d'autopsie... « On peut se déplacer à vélo », raconte le sergent-major Bressoud qui continue la visite d'un univers où tout est conservé à l'état neuf.

Mais le sergent-major Bressoud garde pourtant la nostalgie d'une arme l'arme par excellence : « Le clou de l'artillerie de fortification, avec des tourelles qui tiraient à 25 km, 22 coups à la minute. On en est restés au prototype. » Bressoud était chef des tourelles. Il fallait 46 hommes, divisés en trois équipes, pour manier ce monstre 24 heures sur 24. De l'extérieur, on ne voit qu'un rocher. C'est un faux, « il se retire pour laisser la place au canon enfoui dessous », explique-t-il... Comme nous partons, il ajoute, montrant le sol : « Bien sûr, cette route est minée. »

Aujourd'hui, la fortification ne sert plus à rien. Non seulement à cause du « Bison », un canon de 40 km de portée, mais aussi parce qu'il suffit d'un obus ou d'un missile guidé par infrarouge pour faire exploser les armes enfouies dans le sol. Les temps ont changé. Aujourd'hui, les gardes de fortification les plus jeunes sont envoyés à Chiasso pour épauler la douane contre l'immigration clandestine. « Pour empêcher que les Albanais passent en Suisse en colonne par quatre », lance Bressoud.

Le colonel Chaperon est conscient de l'amertume de ses anciens soldats : « Ils ont l'impression de s'être fait avoir. Que tout cela n'a servi à rien. Qu'on les laisse tomber. Et que, même à l'époque de la guerre, ce furent les banques, et non l'armée, qui ont sauvé la Suisse. » Le mystère que cultivait l'armée suisse ne sert plus à grand-chose. Le colonel Chaperon fut en charge du « secret ». « Je prenais mon chevalet et mes pinceaux et, en civil, je posais des questions pour voir si les gens du voisinage avaient eu vent de quelque chose. Je téléphonais aussi parfois aux femmes de mes subordonnés et je leur demandais où était leur mari. Très rarement, elles savaient quelque chose. La mienne ne savait rien.

Ce secret était accepté par tous. » Un secret tel que les officiers suisses eux-mêmes utilisaient des cartes de l'état-major français de 1914-1918 sur le dispositif de Saint-Maurice, car ils n'avaient pas accès à leurs propres cartes militaires. Toujours le mystère : c'est finalement cette attitude qui a rendu la Suisse malade.

Aujourd'hui, il y a 20 000 fortifications en Suisse. L'armée veut se défaire de 13 000 d'entre elles. Si la vie souterraine est presque finie, l'héritage reste encombrant : comment se défait-on de 13 000 fortifications secrètes ? Qui peut les acheter ? Pour en faire quoi ? Et pour les acheter, il faut prouver... qu'elles existent, alors qu'elles ne sont inscrites nulle part dans les registres fonciers. C'est un casse-tête pour les autorités militaires et civiles que de faire émerger une partie du pays à la lumière du jour.

Dans ce processus de dégel, certains officiers supérieurs ont eu d'étonnantes surprises, notamment celle de voir remonter à la surface des pièces qui feraient peut-être la joie des musées, sortes de fossiles de l'ère industrielle. Un responsable du ministère de la Défense raconte : « Dans une caverne, j'ai retrouvé des stocks de lanternes à huile de 1914, soigneusement rangées, numérotées, équipées de bougies, en prévision d'une ère sans électricité. » Dans une autre forteresse, ce même haut fonctionnaire a trouvé des réserves de roues pour les avions de combat Hunter. Mais depuis 1990, le Hunter n'est plus en service.

En 1998, la principale préoccupation des responsables du ministère de la Défense est la diminution des effectifs de l'armée. Hier, ciment de la nation, elle apparaît de plus en plus aujourd'hui comme un jouet hors de prix. En 1989, un groupe de jeunes de gauche, emmenés par le socialiste Andreas Gross, avait proposé sa suppression. Ils avaient été ridiculisés par l'establishment, traités de tous les noms, de rêveurs, d'utopistes, de farfelus... Mais une semaine après la chute du mur de Berlin, les urnes ont failli leur donner raison : 36,7 pour cent des Suisses ont demandé la suppression de l'armée, dont une majorité parmi les moins de quarante ans. Ils ne se reconnaissent plus dans un système d'encadrement social qui les oblige périodiquement à trente, quarante ou cinquante ans, à revêtir l'uniforme. La mythologie du citoyen-soldat s'est déconnectée de la réalité sociale.

Quelques années plus tard, c'est au tour des chefs d'entreprise d'estimer que l'armée n'est plus le meilleur moyen de former des leaders. Un banquier note : « Dans le temps, nous estimions que si des jeunes apprenaient à faire des marches forcées de cent kilomètres, s'ils étaient capables de repousser leurs limites psychologiques et physiques, ils seraient capables de résister au stress et aux pressions du travail. Mais aujourd'hui, l'immobilisation des employés à l'armée est devenue trop chère et les méthodes de management entre le secteur privé et le secteur militaire sont trop éloignées les unes des autres. » Concurrence étrangère ou effet de la mondialisation, l'armée, jadis pilier de la cohésion nationale, est devenue un poids. Le tissu identitaire, si patiemment élaboré pendant des décennies, s'effiloche à cause du seul ennemi qu'il n'avait pu prévoir : les contraintes économiques. Source de désarroi pour certains et interrogation pour tous : quel contenu donner aujourd'hui à l'identité suisse que les autorités ont si longtemps associée à l'armée ? Comment survivre en tant que nation, lorsque l'ennemi fait soudainement défaut ? La Suisse peut-elle vivre en danger de paix ? Et, si oui, comment doit-elle se redéfinir ?

3

L'âge de pierre

Toujours au nom de la « défense totale », la Suisse a également élaboré le système le plus perfectionné au monde de protection civile (PC). Nul pays, qu'il soit ou non en guerre, n'ira aussi loin dans les préparatifs contre des bombardements conventionnels et nucléaires. L'idée consiste à enterrer dans des abris déjà parfaitement équipés toute la population vivant en Suisse — étrangers compris — aussi longtemps qu'il le faudrait. Des jours, des semaines, des mois... C'est, en quelque sorte, le « réduit national » à domicile et pour chacun.

Corrélativement, c'est une manière d'impliquer le citoyen, le résident étranger, et même la femme (privée du droit de vote jusqu'en 1972) dans la défense totale. Tous les hommes dispensés du service militaire, rappelle le livre de la défense civile, sont astreints à la PC. Ses objectifs ? « Assurer la survie de la population, les soins aux blessés et aux nécessiteux en temps de guerre et, lors des catastrophes en temps de paix, l'organisation de l'alarme, la surveillance de l'air, de l'eau, des denrées alimentaires... » On retrouve là encore ce sentiment d'une paix trompeuse, d'un ennemi omniprésent, d'une menace jamais éteinte et dont, quelle que soit l'épreuve, la Suisse triomphera, repliée sur elle-même, vivant en autarcie. A côté des militaires qui ont leur propre organisation et dont la tâche est de dissuader et de combattre l'ennemi, il revient à la société civile de prendre en charge, y compris en temps de paix, les dispositions nécessaires contre toute forme de risque, qu'il soit économique, militaire ou politique.

La protection civile représente 520 000 hommes mobilisables (soit 8 % de la population) dont 345 000 ont été formés, ce qui équivaut à un million de jours de service par an. En 1969, Hans Kopp — époux de la première femme qui deviendra ministre en Suisse — affirme dans la préface à son étude sur *Les Fondements d'une conception stratégique de la Suisse* : « Notre stratégie défensive doit se préoccuper des attaques nucléaires qui entraîneraient la perte d'un cinquième à un tiers de la population civile, en fonction du développement de la protection civile[17]. » En 1971, le rapport du gouvernement met en garde contre la bombe atomique : « Si, dans un proche avenir, la Suisse devait être entraînée dans une guerre, il s'agirait selon toute probabilité d'une guerre généralisée avec engagement d'armes de destruction massive ou sous la menace permanente d'un tel engagement. »

Au spectre de l'holocauste thermonucléaire répond la mise en place d'un système de catacombes. La foi en la survie s'appuie sur la trinité béton armé, organisation uniforme, enrégimentement total de la population[18]. Sous terre, hôpitaux civils, centres de communication et espaces d'habitation, tous les systèmes indispensables sont reproduits : c'est l'âge de pierre de la défense nationale spirituelle. Eduard von Steiger, ministre entre 1941 et 1951, est nommé par la Société suisse des officiers de la protection aérienne (ancêtre de la PC) « capitaine » de ce « nouveau vaisseau encore un peu fragile » qu'était l'Union suisse pour la protection civile, créée en 1954.

A l'origine, les citoyens suisses n'étaient pas favorables à ce système, dont ils deviendront pourtant les champions. Durant la Seconde Guerre mondiale, des abris, le plus souvent sommaires, avaient été construits pour résister aux bombardements des centres urbains. La moitié de ces abris avait disparu dans l'immédiat après-guerre. En 1950, lorsque la guerre de Corée éclate, la Suisse lance un programme accéléré d'armement. L'arrêté fédéral du 21 décembre 1950 impose la construction d'abris dans les bâtiments neufs. Mais, en 1952, un référendum s'oppose au projet de loi sur la construction obligatoire des abris de PC dans les bâtiments existants, bien qu'elle soit présentée comme « l'assurance-survie d'un peuple libre ». Dans les années qui suivent, les autorités se préoccupent de savoir comment l'agriculture pourrait survivre à une attaque atomique. On envisage une campagne d'information sur la décontamination du bétail et des produits agricoles, et de protection préventive des exploitations — en recouvrant les champs de bâches en plastique...

En novembre 1956, le pays est balayé par une lame de fond anticommuniste, liée à l'intervention des troupes du pacte de Varsovie à Budapest. Face au « déploiement de la machine de guerre soviétique contre un peuple sans défense », l'opinion commence à basculer. Le 3 mars 1957, un article constitutionnel sur la participation obligatoire des femmes dans la protection civile est cependant rejeté par 55 % des voix, alors uniquement masculines. Dans la *Neue Zürcher Zeitung*, une femme explique que cette nouvelle obligation ne contraindrait aucunement les femmes à sortir de leur territoire privé, mais leur donnerait les moyens de sauver ou de maintenir la vie là où elle est menacée. « Voilà, dit-elle, qui correspond à nos dispositions les plus intimes[19]. »

Au printemps 1959, le peuple, avec 62 % des voix (toujours masculines) et 41 % de votants, donne une base légale à la création d'abris antiatomiques mais, cette fois, les femmes sont dispensées de servir. La même année, le peuple rejette le vote des femmes à 67 %. L'année précédente, il avait, à 85 %, voté le développement des autoroutes, mais refusé, à 65 %, la semaine de 44 heures. Entre 1951 et 1961, plus d'un million de places sont construites dans des abris antiatomiques. La Suisse-hérisson vit son âge d'or, ou plus exactement, son « âge de béton ». Mais le rappel constant des menaces convainc de moins en moins une opinion qui, dans les années soixante, profite de la prospérité, de la croissance accélérée et de la modernité économique, sans trouver d'équivalent socioculturel tant est rigide le corset idéologique.

Dans les années cinquante, les abris n'étaient en général que des caves renforcées par des poteaux de bois et des sacs de sable. L'arrêté de 1950 avait fixé un plafond des dépenses — elles ne devaient pas excéder 2 % du coût de la construction sans le terrain —, d'où la nécessité de faire des économies aux dépens de la ventilation et des voies d'évacuation. Le chef de l'état-major général constate en 1970 : « Un abri qui ne tient pas compte des effets des armes modernes se transformerait en tombe pour ses occupants. » Les abris subventionnés par la Confédération sont potentiellement des cercueils.

C'est en 1962 que fut lancé le premier abri « normal » — une caisse de béton armé épaisse de 30 cm. Les propros de Hans Zumbach dans la revue de la PC éclairent les étranges imbrications de la mystique, de la psychologie et de l'économie dans l'imaginaire suisse : « Il y a 2 000 ans, les premiers chrétiens de Rome vivaient sous terre, dans les catacombes. C'est là que s'est épanouie cette idée qui a donné à notre monde occidental la liberté intérieure nécessaire au développement sans précédent de l'esprit humain. » A cela succèdent, à la grande satisfaction des bétonneurs, la multiplication des règlements et l'accélération des rythmes de mises en chantier. En 1966, une loi est votée pour protéger les biens culturels. Elle permet de réaliser le vœu de l'ex-ministre et penseur de la défense spirituelle, Philipp Etter, qui déclarait en 1959 : « La protection du patrimoine artistique national en mains privées ou publiques mérite aussi une attention particulière, qu'il s'agisse de collections, d'archives ou de bibliothèques. Elles abritent le précieux héritage de nos pères et assurent la continuité de notre histoire. »

La protection civile repose sur une vision du peuple suisse comme entité biologique et métaphysique. Un peuple de citoyens-soldats, un peuple d'essence militaire qui ne se rend jamais et se prépare à tout.

L'idéologie de la protection civile porte en elle l'image d'une guerre ritualisée. Tout est maîtrisable, même le déchaînement d'une violence dont l'homme n'a aperçu qu'un fragment à Hiroshima et à Nagasaki. Tel est l'axiome de base sur lequel tout repose. La menace est ainsi conçue qu'on peut y trouver la parade : il suffit d'un préavis suffisant, d'uune absence de panique (mais les risques de panique sont eux aussi prévus), d'un fonctionnement parfait. Ce cadrage de la catastrophe nucléaire est assurément une minimisation irresponsable de ses conséquences, faisant croire qu'il est possible de survivre sans trop de dommage à des bombardements nucléaires, moyennant une ingénierie sociale : chacun doit être à sa place et se conformer aux ordres. Ceux qui refusent de s'intégrer à cette mécanique humaine sont considérés comme dangereux. Ils sont donc passibles de prison s'ils n'effectuent pas leur période de protection civile (certains pacifistes, gens de gauche, etc.). Ils portent en effet en eux le bacille du désordre et, avec lui, le risque de confusion, de troubles et de panique dans un univers à la pensée circulaire où tout est prévu, planifié, fiché, répertorié.

L'univers de la protection civile

Dans l'univers des galeries souterraines, une nouvelle civilisation des catacombes a donc été élaborée avec des hôpitaux, des imprimeries, des studios de radio, ainsi que les services essentiels à la survie de l'État. On y a emmagasiné des vivres. Des biens culturels ont leur dépôt, tout comme la population non astreinte au service militaire, hommes, femmes, étrangers, adolescents et enfants. Dans cet édifice, l'homme est réduit au statut de substance biologique de l'État. C'est aussi un exercice de délimitation entre le « nous » suisse et le monde, l'« étranger », une manière de tirer une ligne de démarcation entre son foyer et l'extérieur. Et les réfugiés? Une commission d'étude nommée en 1987 par le ministère de la Justice et de la Police a étudié le problème. Verdict : les cantons et les communes doivent se préparer à accueillir un nombre d'étrangers équivalent à 8 % de leur population résidente. Ce n'est pas seulement par simple altruisme, mais aussi pour limiter les risques de désordres que provoqueraient les réfugiés paniqués d'être les seuls êtres humains restés en surface... Mais que se passerait-il si davantage de réfugiés arrivaient? Au-delà de 8 pour cent, la barque est-elle pleine?

En cas d'alerte, les autorités helvétiques ont prévu de faire procéder au dégagement des abris (des bouteilles de vin, des skis...), pour faire place aux équipes de construction des lits, qui se servent de lattes en bois. Toujours avisé, le député Félix Auer teste, en 1982, la fabrication des lits dans sa commune. Cent participants à la protection civile sont formés aux techniques de menuiserie. En dépit d'un travail acharné, il leur faut dix jours de travail. C'est trop. En outre, rapporté à toute la Suisse, le matériel de construction des lits représente 150 000 kilomètres de lattes et 1 200 wagons de clous. Difficilement gérable. D'où la solution adoptée : acheter des lits préfabriqués « pour le jour où ». Coût : 500 millions de francs.

En 1981, le monde de la surface reste dangereux. Le gouvernement décide alors d'organiser des exercices périodiques d'alarme : le premier mercredi de chaque mois, de février et de septembre, à 13 h 30, les sirènes du pays retentissent. Le premier test nécessite la mobilisation de 30 000 membres de la PC (coût : 2 millions de francs). Résultat : il s'avère qu'il faut compléter les

1 600 sirènes existantes par 4 000 nouvelles sirènes stationnaires et 3 000 sirènes mobiles, le signal d'alarme n'ayant pas été perçu par tous les citoyens. Face à une catastrophe ou à une menace militaire chimique, nucléaire ou bactériologique, le travail de la PC ressemble à celui d'un Sisyphe condamné à pousser éternellement son rocher. Un rapport de 1983 préconise l'achat d'un million de masques à gaz supplémentaires et de récipients empilables pour les réserves d'eau...

Jusqu'à ce jour, les dizaines de milliers de membres de la PC continuent chaque année à recevoir une formation. Leurs instructeurs ont développé un étonnant outil pédagogique : une valise comprenant un abri en miniature, avec des lits, une table, des chaises, des toilettes permet d'enseigner aux élèves l'organisation sociale dans le meilleur des mondes. Ainsi ont-ils appris qu'une disposition trop rigide et trop angulaire des objets exacerbe les tensions...

Et puis il y a les exercices. Un directeur d'école libère des enfants pour les envoyer passer la nuit dans un abri. Le soir, les bambins s'amusent avec les masques à gaz, reçoivent du chocolat... C'est l'état d'urgence au quotidien. En 1983, à Villeneuve, 21 personnes dont plusieurs enfants passent une semaine en abris entièrement fermés, dans des conditions proches de la guerre... De quoi développer une bonne psychose.

Réfléchissant sur les lacunes du système, Elisabeth Kopp, interrogée en 1985, déplore les insuffisances de la politique d'information mais envisage des remèdes : « Le chef local de la PC peut prendre des initiatives. On peut conclure les cours de la protection civile par une fête, par une journée portes ouvertes. Le soir, la PC prépare le souper pour tout le monde dans un autocuiseur. La population pourrait ainsi s'associer aux cours de la protection civile[20]. »

Cela changerait évidemment tout !

Le bijou : le tunnel du Sonnenberg

L'abri est logé dans le tunnel autoroutier du Sonnenberg, près de Lucerne. C'est le plus grand abri de la protection civile jamais construit en Suisse. Il comprend sept étages souterrains, dont trois pour l'hôpital de secours équipé de 2 salles d'opération et de 328 lits, deux étages avec un poste de commandement, deux étages pour la logistique avec cuisine, réserves, matériels divers... Contrairement à d'autres abris, son but est uniquement de faire face à la guerre, et non aux catastrophes. Il peut accueillir 20 000 personnes, chaque occupant disposant de 1 m^2 et de 2,5 m^3, et offre un degré de protection élevé contre tous les types d'armes. Il s'inscrit dans la conception 1971 de la protection civile, dont le principe est « à chaque habitant de notre pays sa place protégée ». Recensant un système bureaucratique et technique inouï, les documents relatifs au fonctionnement des installations du tunnel remplissent 35 classeurs. Près de 465 tonnes de matériel sont entreposées en permanence dans des cavernes attenantes aux deux bouches du tunnel. Deux semaines après la mise en service du tunnel, en 1976, un accident spectaculaire avait endommagé une des portes. Un camion était tombé dans la trappe qui abrite le portail, un des éléments l'enjambant ayant cédé à cause des vibrations du trafic. Les réparations avaient coûté un million de francs.

Le cabinet d'architectes responsable de la construction de l'abri (Werner Heierli, Leonhard Jundt et Erwin Kessler) a expliqué les grandes lignes de l'organisation dans un article paru en novembre 1976 dans la *Schweizerische Bauzeitung*. Sa lecture révèle, au nom de l'ordre et du bon fonctionnement de la PC, une vision étonamment positive des bombardements, susceptibles d'« éduquer » la population : « L'occupation préventive des abris, et à travers elle la protection civile, fonctionnera d'autant mieux que la population aura été préalablement impressionnée par des attaques dans des régions plus ou moins proches... La population a besoin en quelque sorte d'un baptême du feu[21]. »

Là encore, tout est prévu, y compris l'inclinaison des lits ! « L'occupation de l'abri est déjà planifiée en temps de paix. On procédera aux vérifications d'identité et à l'attribution d'une place dans l'un des dortoirs, tous numérotés. Les animaux domestiques seront dirigés vers les locaux d'attente. Chacun se verra attribuer définitivement un lit de 70 cm sur 190 cm. En raison de la hauteur de plafond de 4,5 m, ce sont des unités de 4 lits superposés. Pour des raisons de standardisation, tous les lits ont été exécutés de la même manière, vu l'inclinaison de l'autoroute dans les virages, la position des lits est légèrement oblique. »

Les règles sociales et sanitaires sont également étudiées : « Les personnes couchées ou assises sur leur lit facilitent le travail dans l'abri, prennent peu de place et font moins de bruit[22]. » Du point de vue médical, « l'hygiène corporelle dans l'abri — bain, douche, toilette approfondie, changement fréquent de linge — ne joue qu'un rôle parfaitement secondaire. Seul le lavage régulier des mains est à observer, pour éviter la transmission d'agents pathogènes[23] ».

Le 16 novembre 1987, le gouvernement suisse donne sa bénédiction au lancement de l'opération « Fourmi » — le nom de code est à lui seul tout un programme. L'abri de la PC du tunnel du Sonnenberg n'avait jamais été testé depuis la fin de sa construction, onze ans plus tôt. Comme le tunnel est placé sur l'axe d'un trafic autoroutier très important qui relie l'Allemagne à l'Italie avec 32 000 véhicules par jour, un système de déviations est mis en place pour suppléer au tronçon fermé. Un abonnement spécial d'une semaine pour les transports publics encourage les Lucernois à abandonner leurs voitures.

Du lundi au samedi, 1 157 membres de la PC sont mobilisés pour participer à l'opération. Ils doivent d'abord fermer les portes de l'abri. Werner Moser, chef de la protection civile de Lucerne, a bien des difficultés à faire participer des ingénieurs à cet exercice et promet même à certains une exemption de service pour les deux ou quatre années à venir. Il n'est pas au bout de ses peines : la fermeture hermétique des deux bouches du tunnel dure plus de huit heures, chaque porte pesant 350 tonnes pour une épaisseur de 1,5 mètre. En revanche, les installations d'électricité, de chauffage, d'aération et les communications ont bien fonctionné. Cependant, les 10 000 lits n'ont pas pu être installés. Quant aux portes, « leur fermeture doit être testée plus souvent », indique le chef de la PC de Lucerne. Emblématiquement, les portes de la Suisse ne sont pas suffisamment étanches...

Les réserves obligatoires

Prolongeant l'idéologie du réduit national, la Suisse a mis sur pied un système civil de réserves alimentaires et énergétiques unique au monde. Mais, avec la fin de la guerre froide, la dimension « paranoïaque » de ce dispositif, comme l'a qualifié l'écrivain Adolf Muschg, est en train d'éclater.

Dans l'entreprise Gugelmann, à Langenthal, dans le canton de Berne, tout est prêt en cas de guerre : des montagnes de sucre sont entreposées, jouxtant des tonnes de café, de cacao, de denrées fourragères (pour nourrir les bêtes), d'huiles de chauffage... A côté de chaque denrée, un écriteau précise « Réserves obligatoires ». Ce système est unique au monde. Le secteur privé, c'est-à-dire les 3 000 principaux importateurs suisses, est tenu, par des directives gouvernementales, de constituer des stocks susceptibles de nourrir la population — l'armée a ses propres stocks — pendant six ou douze mois. Issues du triple héritage du perfectionnisme helvétique, d'un système de milice et de la mentalité hérisson, ces dispositions ont tout prévu dans les moindres détails, guerre, crise pétrolière, grève des routiers, etc.

Dans chaque partie du pays, il existe des entreprises de stockage pareilles à Gugelmann, fonctionnant au nom du sacro-saint équilibre entre les régions, et surtout en cas d'invasion partielle du territoire. Depuis 1990, avec la fin de la guerre froide, « l'âge d'or » des réserves obligatoires appartient au passé. Faute d'ennemis, il a bien fallu se résoudre à commencer à diminuer les stocks. En 1997, le Conseil fédéral a décidé d'abandonner le stockage obligatoire du thé et du charbon, lequel représente moins de

1 % de la consommation énergétique du pays. Une évolution dont Jean-Marc Pasche, vice-directeur de l'Office fédéral de l'approvisionnement, ne mésestime pas l'importance : « On estimait que le thé était important pour le moral. De là, la nécessité de constituer des stocks. » Que penser de la décision du Conseil fédéral ? Que les citoyens suisses sont désormais psychologiquement plus forts que par le passé, au point de pouvoir se passer de thé sans que leur moral en pâtisse ? Ou que cette mentalité du réduit national n'a plus sa place dans le monde de l'après-guerre froide ? Fonctionnaire prudent, Jean-Marc Pasche se garde bien de trancher, notant que, « en cas de besoin, il resterait les réserves obligatoires de café [24] ».

En dépit de la demande d'adhésion à l'Union européenne en mai 1992, gelée après l'échec de l'EEE, la Suisse ne baisse que modérément la garde. L'Office fédéral de l'approvisionnement a un budget de 12 millions de francs, et la facture pour les citoyens s'élève à 300 ou 400 millions chaque année (800 millions en 1990), répercutés sur les prix sans que les consommateurs s'en aperçoivent. Ainsi, chaque automobiliste paie son litre d'essence 1,5 centime plus cher, au titre des réserves obligatoires. En tout, la facture est de 54 F par personne par année, dont 8 F proviennent du stockage des vivres et le reste des réserves en énergie [25].

Une quarantaine de fonctionnaires sont employés à l'office de l'approvisionnement pour tester les scénarios de crise. D'une grève des camionneurs à un débrayage des dockers, d'une crise politique à une attaque nucléaire, bactériologique ou chimique qui rendrait les terres incultivables. Lorsque les transporteurs routiers français se sont mis en grève à l'automne 1996, des « miliciens » suisses — en fait, des entrepreneurs et des cadres bénévoles du secteur privé auprès de l'office de l'approvisionnement — ont estimé que le débrayage ne durerait pas plus de dix jours et qu'il n'y aurait aucune mesure à prendre. Mais les scénarios catastrophes sont prêts, n'attendant que le signal du Conseil fédéral pour que soit transmise une série d'ordres en cascade : rationnement de la consommation, réorganisation de la production, coordination des transports et de la main-d'œuvre... Avec l'aide de cinq cents cadres d'entreprise qui, bénévolement (ils sont simplement défrayés), depuis des années, y consacrent une partie de leur temps, et de deux mille autres mobilisables.

A l'évidence, tout était prêt — et le reste en partie — en cas d'attaque subite d'un imprévisible ennemi contre la Suisse, voire d'un blocus total subitement imposé par ses voisins ou par les Soviétiques qui auraient conquis les pays voisins et encerclé la Confédération. Cet incroyable dispositif, sans pareil au monde, témoigne d'une volonté de tout prévoir, de maîtriser tout développement politique et militaire, et montre la force du Sonderfall helvétique. Spécificité helvétique là encore, les directeurs de l'Office fédéral de l'approvisionnement sont des personnalités du secteur privé, dotées, comme l'affirme Jean-Marc Pasche, d'un « fort sens civique ». A Urs Kaufmann, directeur de la multinationale chimique Ciga-Geigy, a succédé en 1994 Andreas Bellwald, directeur de l'Alusuisse-Lonza, autre multinationale. Celui-ci rappelle qu'« à Sarajevo, les riches ont pu continuer à se chauffer pendant le siège », expliquant que pareille injustice ne se produirait pas en Suisse.

L'âge de pierre

Une Suisse qui se retrouve aujourd'hui confrontée à des montagnes de provisions sans utilité, devenues obsolètes et désormais trop coûteuses dans le contexte de la libéralisation des échanges économiques.

4

L'armée secrète

C'est un film que l'on a l'impression d'avoir vu cent fois : dans la France occupée, des résistants qui s'apprêtent à recevoir des armes et de l'équipement de Londres, à proximité des soldats allemands qui entendent le bourdonnement d'un avion dans la nuit noire, le parachutage... Sauf que ce n'est pas un film. L'action se déroule en Suisse à la fin des années quatre-vingt et vise à préparer l'armée secrète à organiser la résistance après l'occupation du pays par les armées du pacte de Varsovie ou à briser dans l'œuf un bouleversement intérieur. Malheureusement, l'affaire tourne mal : le parachute ne s'ouvre pas. Le container se fracasse au sol. Que contenait-il? Armes, munitions, équipement? Mystère.

Prisonnières de leur obsession sécuritaire, les autorités vont laisser se développer une armée secrète, surnommée la « P 26 », qui échappe à tout contrôle politique. Un chef mystérieux, qui a pour seule identification Rico, dirige une organisation d'environ 800 personnes équipées de pistolets-mitrailleurs, de fusils munis de silencieux, de pistolets, de grenades à charge creuse, d'explosifs. Sa mission :

combattre un éventuel envahisseur et mater toute déstabilisation intérieure. Et ce n'est pas là le moindre paradoxe des institutions. Elles qui exigent tant du citoyen suisse, supposé être l'incarnation de la démocratie directe et le protecteur de la nation comme soldat ou membre de la protection civile, s'en méfiant pourtant au point de redouter un bouleversement intérieur, ou pire, sa collaboration avec un éventuel occupant.

D'autres pays européens, membres de l'Alliance atlantique, ont eu parfois un équivalent avec le réseau Glaive. Mais, théoriquement, la Suisse est neutre. En outre, aucun autre pays d'Europe occidentale n'a un tel système de citoyens-soldats, et ne prétend être soumis pareillement à la volonté populaire à travers les instruments de la démocratie directe. Rares sont les pays qui glorifient à ce point la liberté. Et pourtant, la P26 a été dotée, comme le découvrira la commission d'enquête parlementaire en 1989 et 1990, « d'un potentiel destructeur considérable ». Il faudra un concours de circonstances lié au scandale du fichage de la population par la police politique pour que soit découverte l'existence de cette organisation secrète, parfaitement autonome envers le pouvoir politique.

Tout commence en 1956. Les forces du pacte de Varsovie répriment dans le sang le soulèvement populaire à Budapest. L'écho, en Occident, est considérable. En Suisse, un député dépose une motion pour créer un réseau de résistance. À son premier chef, Albert Bachmann, succédera Rico.

Rico est aujourd'hui retraité. De son vrai nom Efrem Cattelan, il vit dans sa maison de Münchenstein, banlieue paisible de Bâle. Personnage rond et affable, cet ancien officier de carrière quitte l'armée en 1972 pour devenir vice-directeur des assurances La Suisse. « Le jour de mon anniversaire, déclare-t-il, le 29 novembre 1979, le divisionnaire Ochsner et le chef de l'état-major général Senn me proposent de prendre la direction de la P 26. Je leur ai dit que je ne connaissais rien au renseignement... Ils ont insisté. J'ai fini par accepter. » Rico sort le rapport du Conseil fédéral du 27 juin 1973 sur la sécurité : « L'armée doit pouvoir compter avec une résistance active armée[26] », base légale d'une organisation qui l'était moins. Rico, qui avait refusé son premier nom de code « Monaco » (« Je n'aimais pas. Je n'avais rien à faire avec ce rocher »), s'est lancé dans les lectures subversives de gauche, les films, les romans d'espionnage. Revenant de sa chambre avec une pile de livres, il explique : « La P 26, c'était la préparation pour la résistance dans un pays totalement ou partiellement occupé. » Il a lu *Der moderne Kleinkrieg* (le meilleur), *Krieg ohne Grenze*, les livres de Mao, ceux du général Giap sur les Vietcongs, étudié Gandhi et la non-violence, analysé les guerres de libération nationale en Afrique et en Asie, tiré les leçons de la guerre du Vietnam : « J'ai essayé de tirer les leçons des Vietcongs, tant du point de vue organisationnel — le cloisonnement — que spirituel — la patience, si essentielle. » « Il faut, poursuit-il, attendre six mois, un an, jusqu'à ce que la population soit acquise à nos thèses avant de faire sauter la première charge explosive. Mao avait raison et la *Rote Armee Fraktion* tort : "Dans un pays occupé, la résistance doit être comme un poisson dans l'eau." La P 26 doit nager dans l'aquarium helvétique. Citant le petit livre rouge de Mao, il ajoute : « Il ne faut tirer le premier coup que lorsque l'adhésion populaire a été acquise. Il faut gagner la guerre psychologique par des discussions dans de petits cercles, des rumeurs, des affiches, des bandes audio, des vidéos, des cassettes... » Ironie : l'organisation mise en place pour lutter contre le communisme s'inspire des grands théoriciens de la lutte armée marxiste.

C'est ainsi que l'organisation de l'armée secrète se développe. A sa base, un noyau dur est constitué autour de Rico, formé d'une douzaine de professionnels aguerris. Le mot d'ordre est « *Only chiefs, no Indians* » (« Seulement des chefs, pas d'Indiens »). Tous les autres professionnels ont été écartés en 1979. Le principe de base de Rico était de se prémunir contre le principal danger qui guette tout réseau à sa constitution, moment de sa plus grande vulnérabilité — c'est-à-dire le risque de traîtrise, d'erreur humaine, la difficulté de trouver les armes et de former des spécialistes.

Puis, après avoir étudié les résistances française, italienne, vu ce qui s'est passé en Hongrie, Rico recrute des « souris grises », c'est-à-dire des gens insignifiants au regard extérieur : il met sous surveillance des candidats, qui n'en savent rien, interrogent amis, voisins... Des cellules se forment avec un chef, un opérateur radio, un spécialiste du renseignement, un autre de la propagande, un troisième du sabotage. En tout, des cellules de cinq à huit personnes, sur tout le territoire, mais principalement dans les villes. Il recrute tous ceux qui ne sont pas mobilisables en temps de guerre, des blessés, des invalides, des femmes, des hommes de plus de cinquante ans. Les gens sont simplement défrayés, mais aucun, dit-il, n'est payé : « Ils faisaient ça par patriotisme. » Les instructeurs sont formés en Angleterre. Lors d'un exercice, ils auraient même été débarqués, de nuit, d'un sous-marin sur les côtes écossaises, récupérés par les commandos d'élite britanniques, les SAS, pour apprendre à se déplacer discrètement dans les landes, comme s'ils étaient des « combattants de la liberté » chargés d'organiser la résistance dans une Suisse occupée...

Efrem Cattelan est théoriquement subordonné au chef de l'état-major général, qu'il voit une à trois fois par an. Son but est de donner « clef en main » ce réseau de résistance à un gouvernement suisse en exil en cas d'occupation. Le gouvernement couvre la P 26 sans savoir ce qui s'y passe. « Le ministre Arnold Koller, venu dans une voiture aux vitres obscurcies, a visité une fois un de nos locaux. Il a vu notre équipement, les radios, les armes, les instruments... », raconte Rico. Pour donner une apparence de contrôle démocratique, quatre parlementaires, dont un socialiste, sont au courant de l'organisation de l'armée secrète, mais leurs partis n'en savent rien. Et eux-mêmes ne savent pas grand-chose. « J'étais un visage sans nom pour eux », raconte Rico. La P 26 a envisagé un moment de se doter de ses propres fichier sur les « extrémistes suisses », mais Rico y est hostile et ne veut pas faire double emploi avec la police politique : « Je me disais : le jour venu, on puisera dans le fonds qui existe à la police fédérale. » Il s'avérera que ces fichiers étaient truffés d'erreurs et constitués eux aussi, en marge de la légalité...

En 1989, la population apprend l'existence de cette armée secrète, alors que la commission d'enquête parlementaire (CEP II) découvre que la P 26 peut « s'activer » toute seule. Dans son cahier des charges, lui aussi tenu secret, il est spécifié qu'elle doit non seulement intervenir en cas d'occupation du pays, mais aussi en cas de « bouleversement politique intérieur », « par chantage, subversion ou autres activités comparables ». Scandalisés, les députés notent que la possibilité d'engagement de la P 26 en cas de « bouleversement politique par subversion, n'est tout simplement pas admissible d'un point de vue démocratique... La conception de base s'en prend à un principe d'airain de la démocratie, selon lequel un renversement des rapports de force — fût-il total — qui s'accomplirait suivant une procédure démocratique et conforme à l'État de droit, doit être accepté[27] ». En cas de bouleversements intérieurs, les éléments hostiles auraient été matés, en particulier par les hommes de la P 26 et ceux que l'armée secrète aurait recrutés autour d'elle. Ses hommes ne juraient pas sur la Constitution, mais signaient une « convention », où ils s'engageaient « sans restriction » pour la « mission », en promettant de cultiver dans la P 26 une « vraie camaraderie »[28]. La « convention » dit explicitement que la P 26 « n'est pas une partie de l'armée, mais une organisation autonome ».

Les députés constatent qu'« une organisation secrète, équipée d'armes et d'explosifs représente en soi [...] une menace virtuelle pour l'ordre constitutionnel, du moment que les autorités politiques n'en ont pas le contrôle effectif ». Rico a reconnu devant la CEP que le Conseil fédéral ne détenait ni la clef de la mise en activité de l'organisation secrète — qu'il couvrait sans la connaître — ni celle de son interruption. Outre cette inadmissible « menace virtuelle pour l'ordre constitutionnel », la Commission a dû « constater [...] que le danger d'abus existe donc, et s'accroît du fait que les membres individuels de l'organisation n'ont pas la possibilité de vérifier la légitimité des ordres qui leur sont donnés[29]. »

« Un État démocratique, constitué par une communauté

de droit fondée sur le principe de l'égalité ne saurait s'accommoder d'une société secrète à laquelle on délègue la charge d'assumer des tâches de l'État. [...] On ne saurait écarter l'éventualité que les membres d'une telle société, fondée sur le principe de la cooptation, puissent agir contre l'intérêt général et également contre une décision des autorités[30]. »

Par ailleurs, il est affligeant de constater que le gouvernement a simplement préféré abandonner ses responsabilités, comme le constatent les députés : « La responsabilité politique n'est pas supprimée lorsque les responsables se refusent à recevoir des informations relatives à leur domaine de compétences ou que — sciemment — ils tolèrent que de semblables informations leur soient tues [...]. » Depuis le 5 septembre 1979, l'ensemble du Conseil fédéral n'avait plus été informé[31]. Comment expliquer cette inexplicable absence de contrôle politique? Le responsable de la défense, Georges-André Chevallaz, déclare... qu'il avait peur de parler sous la torture : « Il y avait un organe de résistance interne, mais je ne voulais pas savoir les noms de peur qu'on ne m'extorque des informations. Qui sait ce qui aurait pu se passer [...] C'était comme la résistance française[32] [...] » Alors il a laissé faire son chef d'état-major général, trouvant apparemment normal que se constitue en Suisse une société secrète échappant à tout contrôle. Lorsqu'il prend la direction du Département militaire, Jean-Pascal Delamuraz s'impose le silence, comme son prédécesseur, convaincu que les Soviétiques dans les années quatre-vingt préparaient un putsch en Suisse. Georges-André Chevallaz affirme : « Nous avions des raisons de penser qu'un coup était encore prévisible dans les années quatre-vingt. Si vous connaissez la doctrine Brejnev, et la manière dont on a opéré du côté du communisme, nous pouvions nous attendre à une action brusque, une sorte de coup d'État intérieur. A ce moment-là, nous aurions engagé cette "armée secrète"[33]. » La P 26 a été démantelée en deux semaines.

La guerre froide n'était pas un vain mot. Mais, au prétexte d'un sentiment de menace permanent, les principes de base de la démocratie, de la légalité, des droits de la personne ont été foulés. Complaisamment abandonnés à eux-mêmes, les services de renseignement tout comme la police politique ont développé des comportements contraires à l'esprit démocratique, même si leurs actes n'eurent pas d'effets tragiques. Ils n'en sont pas moins la conséquence d'une vision du monde marquée par l'« exception suisse ».

Le gouvernement suisse exilé en Irlande

Le scandale de la P 26 est d'autant plus inquiétant que, dix ans plus tôt, un premier épisode aurait déjà dû conduire à s'interroger sur la responsabilité des hommes politiques dans le contrôle des services de renseignement. En 1979, l'opinion publique helvétique apprend qu'un agent suisse, Kurt Schilling, s'est fait prendre par les Autrichiens pour avoir voulu observer des manœuvres militaires... tandis que l'attaché militaire suisse était invité à la tribune. Une commission parlementaire découvre alors l'incroyable autonomie des renseignements suisses dont les trois services sont dirigés par le même homme, Albert Bachmann. Cet ancien instructeur de l'armée a fait ses premières armes... dans l'humanitaire. Délégué de la Croix-Rouge, il est envoyé au Biafra. Pour compléter sa formation, il participe de sa propre initiative à Mai 1968 à Paris... du côté des étudiants ! Principal auteur du livre de la *Défense civile*, il y écrit : « Dès le début de la guerre intérieure contre un éventuel occupant, les spécialistes de la défense armée sauront où frapper sans pitié. »

En 1974, ses classes faites, il est nommé chef des services secrets suisses puis, en 1976, du « Service spécial » chargé de préparer la résistance en cas d'occupation du pays. Son nom de guerre est Tom, et son travail, une vocation : « Mon caractère, celui d'un enfant terrible, trouvait là sa voie idéale. Ma profession d'agent secret se mariait à mon goût du risque. Elle demande de violer constamment la loi. » Stupéfaite, la commission d'enquête parlementaire découvre qu'Albert Bachmann a acheté, avec de l'argent obtenu des grandes banques, un terrain en Irlande pour accueillir le gouvernement suisse, dans l'éventualité d'une invasion du territoire helvétique : « Il est exact que le colonel Bachmann a acheté des terrains en Irlande en 1963, qu'il y a bâti des maisons de vacances et un hôtel [...] prévu pour un éventuel exil du gouvernement, en cas d'occupation de la Suisse. Il était payé par des milieux privés (l'UBS)... »

L'histoire est tellement surréaliste, entre Schilling, surnommé l'« espion qui venait de l'Emmental », et Bachmann, qui a déjà préparé les lits en Irlande pour le gouvernement suisse en exil, que l'on en vient à oublier comment une organisation peut parvenir à s'émanciper de tout contrôle politique. Le 16 juin 1980, Georges-André Chevallaz, alors président de la Confédération, a beau jeu de tout mettre sur le compte du caractère fantasque de Bachmann : « Ce n'est ni l'affaire du siècle, ni une nouvelle affaire Dreyfus. Il me paraît que, voici quelques années, on a introduit au service de renseignement, un peu légèrement, un ou deux garçons zélés, parfois intelligents, comme Bachmann, mais dont l'imagination dépassait la raison. Ils avaient lu sans doute trop de romans d'espionnage et s'imaginaient jouer James Bond ou l'amiral Canaris. Insuffisamment commandés et contrôlés à l'époque, nous rapportant au demeurant des renseignements médiocres, deux ou trois se sont appliqués à s'espionner les uns les autres, s'adonnant à des jeux d'Indiens pour se dénoncer les uns les autres et recherchant avec ardeur les agents doubles hypothétiques [...] Cette pièce, élevée au niveau de tragédie patriotique par quelques imaginations déréglées, se rétrécira aux dimensions d'un vaudeville à peine comique[34]. »

Le 19 janvier 1981, le rapport du groupe de travail de la Commission de gestion du Conseil national présidée par Jean-Pascal Delamuraz, note : « Le colonel Bachmann possède beaucoup d'imagination, il est intelligent, mais il a un penchant pour l'arbitraire et une tendance à se soustraire au contrôle de l'administration [...]. En faisant preuve d'une initiative débordante et d'un goût du risque excessif, il met souvent en péril sa propre sécurité et celle de ses collaborateurs. Certaines imperfections et erreurs de direction qui lui sont reprochées sont imputables pour une part aux méthodes utilisées pour obtenir des renseignements et pour une autre, au naturel d'artiste non conventionnel du colonel Bachmann[35]. »

Bachmann, destitué de ses fonctions, n'a pas tout perdu. C'est lui qui gère la propriété de « Liss Ard House » qui devait héberger le gouvernement en exil : une auberge de dix chambres et un manège d'équitation. Admireland Holding, basé à Zoug, en est propriétaire, alors que l'Union des banques suisses gère les intérêts des actionnaires[36].

En acceptant de tout imputer au caractère de Bachmann, les députés n'ont pas cherché à comprendre pourquoi, dans les tâches confiées à cet homme « doué d'un tempérament d'artiste non conventionnel », une organisation d'armée secrète avait des comptes à rendre à l'autorité politique. Elles ont laissé faire, au nom d'une sécurité nationale qui avait fait fi de la démocratie.

5

Je sais qui tu es

Un avocat est surveillé par la police politique parce qu'il est élu président d'une association municipale de locataires. Une militante des droits de l'homme inquiète les services de renseignements parce qu'elle a envoyé une lettre en 1941 à un Juif polonais interné en Suisse. Une Zurichoise est fichée parce qu'elle a renoncé à sa place dans l'abri antiatomique de la commune. Un architecte est fiché parce qu'il fait partie du Groupe d'action urbanistique lausannois. Un étudiant passe pour un sympathisant pacifiste parce qu'il a écrit un mémoire sur l'URSS et les mouvements de la paix. Un écologiste est fiché en raison de ses convictions « vertes »[37]...

Ébahis, c'est un stupéfiant inventaire que les Suisses découvrent en 1989 et 1990. Peu avant avait éclaté un scandale lié à la vice-présidente de la Confédération : Elisabeth Kopp avait été poussée à démissionner pour avoir prévenu son mari que l'une des sociétés dont il était actionnaire trempait dans le recyclage de narcodollars, comme cela se savait au plus haut niveau. L'enquête parlementaire déborde, et les députés finissent par tomber sur ce que l'on a appelé l'« affaire des fiches ». Pendant les décennies de la guerre froide, la police politique avait accumulé un nombre impressionnant de renseignements, souvent absurdes, sur des hommes et des femmes dont l'immense majorité n'avait jamais enfreint les règles de la légalité ni envisagé de le faire. Ruth Dreifuss, l'actuelle ministre de la Santé, ayant elle-même fait l'objet d'une fiche de treize pages note : « La Suisse fut le pays qui a connu la guerre froide la plus forte d'Europe. Ce fut notre version du maccarthysme, aux conséquences heureusement moins graves[38]. » Fruit de la démocratie autoritaire et de la défense spirituelle, ce maccarthysme helvétique n'a pu prospérer que parce que le consensus était général.

Moritz Leuenberger, député socialiste de l'époque, menait la commission d'enquête parlementaire. Aujourd'hui, devenu ministre des Transports, il se rappelle le choc que lui a procuré sa plongée dans les archives de la police politique : « J'ai passé une semaine dans les caves de la police fédérale à Berne. J'ai vu beaucoup de fiches. J'ai vu aussi beaucoup de lettres de délateurs. Des professeurs d'université écrivaient pour dénoncer qui de leurs étudiants étaient “gauchistes”, des pères disaient que leur fils était “gauchiste”, une femme dénonçait son mari “gauchiste”. Il y avait un esprit de délation dans notre peuple. » Il ajoute : « Lorsque le scandale a éclaté, la réaction de quelques personnes de gauche fut de focaliser la responsabilité sur les policiers. C'était le système du bouc émissaire. On voulait se délivrer de la culpabilité de tout un peuple en la reportant sur quelques hommes. Je ne veux pas absoudre les policiers, mais ils n'ont fait qu'exécuter les ordres. Ils étaient des instruments très perfectionnistes et peut-être un peu têtus, mais il a bien fallu que des ministres de la Justice et de la Police veuillent une telle machine et que tout un peuple participe à cet esprit de délation. En fait, tout notre peuple était coupable. Pour moi, là fut le choc[39]. »

Ce fichage sans pareil dans un pays démocratique ne s'explique pas seulement par la guerre froide et l'influence du maccarthysme. C'est un système policier atteint de paranoïa profonde, mais dont la folie passe inaperçue, puisque les autorités politiques du pays, imprégnées de l'idéologie de la défense générale, ont abdiqué leur responsabilité. Alors, prisonnière d'une logique fermée, et durant des décennies, la police politique va ficher, ficher au hasard, sans mandat clair, dans l'indifférence des gouvernements successifs. La commission d'enquête parlementaire constate dans son rapport de 22 novembre 1989, « l'absence de conception générale et de direction ». Les renseignements ont été réunis et dépouillés « sans mandat, ni limites clairement définies et sans que la direction du ministère public ait une vue d'ensemble des opérations ».

Cette bureaucratie du fichage n'est pas la reproduction à l'échelle suisse d'un monde orwellien, sur lequel régnerait une police politique toute-puissante justifiée au nom des impératifs de la raison d'État. Ce ne fut ni la Stasi de la défunte Allemagne de l'Est, ni la Securitate roumaine, aux tristes réputations. Ainsi que l'écrit un commentateur : « C'est, hélas, la description d'un pays de maniaques de la délation. Des gens à leurs fenêtres qui lorgnent le jardin du voisin. Il n'y a pas que le chef du personnel qui transmette ses dossiers à la police fédérale, il y a le concierge qui relève les plaques de voitures étrangères, le retraité qui signale les stationnements interdits [...]. Dans ce pays attaché à l'ordre, qui refuse le mouvement et la confrontation, tout ce qui est étranger, c'est-à-dire non conforme, représente le danger potentiel. La Suisse ne connaît qu'un principe : méfiance, méfiance. »

Small brother is watching you

L'« affaire des fiches » défie l'imagination. La commission d'enquête parlementaire (CEP) en décrit froidement l'ampleur : « Le fichier central de la police politique contient quelque 900 000 fiches. Les deux tiers d'entre elles concernent des étrangers. Sur le reste, la moitié des fiches se rapporte à des personnes et l'autre moitié à des organisations ou à des événements[40]. » Autrement dit, 161 500 Suisses ont été surveillés à un moment ou à un autre et 569 000 étrangers, soit plus de la moitié des étrangers résidant en Suisse, tous âges confondus.

Après maintes difficultés, la commission d'enquête finit par découvrir des listes d'enseignants et de fonctionnaires déclarés suspects. Un service du ministère de la Défense a fiché 8 000 soldats et officiers considérés comme d'éventuels traîtres à la patrie[41]. Les mandats de perquisition et d'arrêt avaient déjà été établis et déposés au ministère public de la Confédération, contenant au total 2 002 noms. Il était prévu d'interner 499 personnes. Elles devaient être placées provisoirement dans des pénitenciers pour être ensuite, trois ou quatre semaines plus tard, transférées dans un camp d'internement... Kaspar Villiger, alors ministre de la Défense, n'était au courant de rien.

Dans les bureaux de la police fédérale à Berne, les « meneurs hostiles » sont divisés, entre autres, en anarchistes, rockers, frustrés, vauriens, déséquilibrés... Le fichier des « extrémistes » comprend 10 000 noms, ce qui aurait fait de la Suisse l'un des pays au monde les plus dangereux, si l'étiquette avait correspondu à la réalité. Dans le fichier général, les dossiers accompagnés d'une étoile indiquent les personnes à interner en cas de conflit. Des citoyens ont « gagné » cette étoile lorsqu'ils ont obtenu un mandat populaire, comme le communiste Jean Spielmann, depuis son élection au conseil municipal de Lancy et au comité directeur de la section du Parti suisse du travail à Genève. La commission d'enquête parlementaire a tenté d'établir les critères de cette surveillance policière : la police politique fichait systématiquement les interventions des parlementaires, les auteurs de publication (singulièrement d'articles paraissant dans des revues de droit), les journalistes, les participants à des séminaires — réunions sur les vallées alpines ou sur les centrales nucléaires —, les signataires d'initiatives, de lettres ouvertes, les membres de comités d'initiative populaire...

Alors que l'enquête parlementaire progresse, Jörg Kistler, le porte-parole du ministère de la Justice et de la Police, annonce, navré, le 17 mars 1990 que 500 dossiers de fonctionnaires fédéraux « pouvant présenter un danger pour la sécurité » viennent d'être découverts[42], ainsi qu'une collection de 113 000 photographies de citoyens suspects. Alfred Defago, chef de l'Office fédéral de la culture, a révélé qu'un fonctionnaire de la

Bibliothèque nationale a informé durant quinze ans la police fédérale sur les lectures des collaborateurs de certaines ambassades étrangères : il envoyait des photocopies des fiches d'emprunt à l'adresse privée de son commanditaire de la police fédérale. Le dernier envoi date de février 1990. L'indicateur n'a pas touché le moindre centime et a payé même de sa poche les photocopies. Incroyable réseau de délation, qui fait l'amalgame entre le citoyen qui exprime son opinion et le poseur de bombes.

Les syndicalistes, les pacifistes, les gens de gauche, et généralement tous ceux qui font de la politique, les féministes comme ceux qui les fréquentent, tous sont fichés. Le plus souvent mal. Dans ce système devenu fou, il suffit d'un rien, d'une opinion, d'un acte qui dérange le conformisme, d'un flirt ou d'une amitié avec un « suspect », pour devenir soi-même suspect. « Tous les renseignements peuvent s'avérer utiles un jour. On ne sait jamais », explique Ferdinand (c'est un pseudonyme), responsable de la police de sûreté à Lausanne pendant vingt-cinq ans[43]. Max Frisch reçoit-il le Prix du livre à la foire de Francfort, en septembre 1996 ? Il est fiché. Il a des antécédents : six ans plus tôt, le plus célèbre écrivain suisse a participé à une manifestation autorisée contre la contrebande et la vente d'armes. Fiché. Ulcéré, il écrit : « On peut ironiser sur ces documents qui montrent l'ignorance, la bêtise et le provincialisme de ceux qui ont voulu de tels instruments. Mais l'affaire est, je crois, plus sérieuse. Les fiches montrent la conscience que l'État a de sa protection. La paix, seulement ce mot, suffit pour être suspect au nom de la protection de l'État. On ne peut pas décrire avec plus de précision ce que fut la mentalité de la Suisse officielle durant la guerre froide[44]. »

Il est vrai que le système a perdu tout sens commun. Même Georges-André Chevallaz, grand apôtre du conservatisme helvétique, longtemps ministre de l'Armée, est fiché pour un « discours sur la contestation » comme pour ses voyages officiels en URSS, alors qu'il était l'un des gardiens les plus vigilants de l'ordre établi. Lorsqu'il prit connaissance de sa fiche, il s'exclama devant Arnold Koller, le ministre de la Justice et de la Police : « Elles ne valent pas un clou, tes fiches[45] ! » Jusqu'au milieu des années quatre-vingt, une opinion divergente de celle de la majorité, l'exercice des droits syndicaux, la participation à une manifestation autorisée, pouvaient suffire à faire ficher une personne. Ce maccarthysme helvétique avait un côté burlesque. Ruth Dreifuss était simultanément fichée pour ses activités de « tiers-mondiste » et... d'« automobiliste ». Les policiers suivaient souvent sa voiture, sans trop s'inquiéter de savoir si c'était bien elle qui conduisait... Si l'amateurisme des polices politiques cantonales fait sourire, les dérives de cette paranoïa sécuritaire ont bel et bien en des conséquences : « Il y a eu des interdictions professionnelles, des gens qui ont été marginalisés, dont les carrières ont été brisées[46] », note Ruth Dreifuss.

Finalement, les rares interviews de « ficheurs » les réhabilitent, transformant ce maccarthysme en un vaste jeu. Le film *Connu de nos services*, réalisé en 1997, donne la parole à l'inspecteur Hartmann qui décrit rétrospectivement un groupe de militants gauchistes, comme « des jeunes gens sympathiques ». Hartmann en vient même à les regretter : « On jouait aux gendarmes et aux voleurs... Au moins, cette jeunesse, elle bougeait, ce n'est pas comme la jeunesse d'aujourd'hui. » Roland raconte : « Avec l'un ou l'autre, j'aurais envie de poser ma main sur son épaule et de lui dire : savez-vous que je vous connais ? J'ai rempli des fiches sur vous et pour moi, vous êtes toujours un galopin qui m'a fait courir dans les rues de Lausanne [...]. J'aimais bien quelqu'un comme Claude Muret [un leader étudiant], il avait l'air d'un poète. Le temps a passé. Est-il arrivé à quelque chose ? Peut-être a-t-il réalisé son idéal philosophique ? »

La réalité est moins souriante. Filatures, écoutes téléphoniques, les inspecteurs de la police politique sont les oreilles de l'État. Ils remplissent des piles de feuilles, puis les expédient à Berne, d'où viennent les ordres. Roland disait qu'il était un membre de l'« armée de l'ombre », sorte de « guetteur de l'apocalypse », comme dans le livre de Robert Ludlum. Albert raconte : « Je sortais toujours du travail par une porte dérobée. Même ma femme ignorait ce que je faisais. Mes collègues devaient me prendre pour un nul. Je ne pouvais jamais me vanter d'une arrestation, c'était l'anonymat total. »

Ferdinand, délivré pour ce livre du devoir de réserve par le chef de la police et de la justice du canton de Vaud jusqu'au printemps 1998 Joseph Zisyadis, lui-même longtemps fiché, a été chef de la police politique dans le canton de Vaud. Il ne désirait pas ce poste. « Je ne lisais que la page "sports" des journaux », dit-il. De 1951 à 1986, il n'en sera pas moins le responsable de la police politique, située au dernier étage d'un bâtiment.

Les policiers la surnomment la « brigade du ciel » ou la « brigade des mystères », et les journalistes, la « brigade des nuages ». Ferdinand raconte : « J'ai créé des fichiers synoptiques, avec indication du numéro de dossier. Il y avait un fichier pour les extrémistes à appréhender et à interner en cas de guerre... » Chaque semaine, deux policiers viennent de Berne pour discuter des affaires en cours. La « brigade du ciel » est aussi chargée du contre-espionnage et de la protection des chefs d'État et des personnalités. Comme son effectif total ne dépasse pas huit hommes, Ferdinand détourne ses ficheurs de leurs fonctions habituelles pour qu'ils protègent pendant deux semaines le dictateur zaïrois Mobutu installé dans sa villa de Savigny, l'empereur Haïlé Sélassié, la reine d'Angleterre, l'empereur japonais Hirohito, dont le plaisir est de s'occuper des vignes, le père de Hassan II en quête d'une villa à Montreux (sans succès)...

Pendant les périodes de tension de la guerre froide, Ferdinand mobilise ses hommes : « On se postait à la sortie de l'autoroute de Genève pour surveiller les voitures aux plaques diplomatiques des pays de l'Est. La police fédérale à Berne avait des petites fiches vertes pour signaler les déplacements des voitures... » Après mai 68, avec la montée des mouvements gauchistes, éclatent les premiers affrontements à Lausanne. Les autorités sont inquiètes : « On surveillait les membres des partis communistes italien et espagnol, mais on avait surtout peur des liens qu'auraient pu avoir en Suisse la Rote Armee Fraktion, les Brigades rouges, les mouvements gauchistes français. » Mais le danger est partout : « On surveillait les associations d'écrivains de gauche — on pensait qu'elles pouvaient intéresser les services étrangers, que ceux-ci pouvaient les contacter, les infiltrer. » L'auteur des films *A bout de souffle* et *Pierrot le fou* est dûment surveillé. Une fiche établie le 19 avril 1971 par la police de sûreté sur Jean-Luc Godard constate : « Godard déclare en substance ne pas être venu à Lausanne seulement pour le cinéma, mais aussi pour la politique, considérant le cinéma comme un moyen d'action politique et d'agitation. Il se considère d'ailleurs lui-même comme un militant par le cinéma. » Ferdinand constate : « C'est normal qu'il ait eu sa fiche, c'était une personnalité en vue, de surcroît à gauche. »

Un scandale suisse? Oui. Mais surtout un extraordinaire révélateur des peurs d'une société effrayée au point de vouloir ficher ceux qui ont des idées, ceux qui pourraient en avoir, ceux qui écoutent des discours, ceux qui sont syndiqués, ceux qui sont étrangers, ceux qui font de la politique, ceux qui veulent penser le monde et ceux qui veulent défendre leurs emplois. Ferdinand raconte : « Le renseignement est d'une telle complexité. On ne sait jamais quand ça va déborder, on ne sait jamais quand on aura besoin d'un renseignement, d'une information, d'un nom, d'un prénom [...] Nous procédions par recoupements, et c'est pour ça qu'on a tellement accumulé d'informations. »

Paradoxalement, la société civile, victime de ce système de fichage, y collabore largement. L'agence de presse suisse, l'Agence télégraphique suisse, accepte de remettre les dossiers de ses journalistes à la police fédérale. La Télévision suisse romande lui donne la liste de ses collaborateurs. Le chef du service du personnel d'une grande banque lui transmet les curriculums vitæ de ses employés. Swissair remet ses listes de passagers. Des employés des postes transmettent le contenu de tous les télégrammes expédiés, entre 1969 et mars 1986, vers la RDA, dont des copies sont remises systématiquement — et en toute illégalité — à un service de renseignements étranger. Les bonnes volontés ne manquent pas : en 1980, un fonctionnaire des douanes s'offre à remettre tous les documents qui tombent entre ses mains ; un facteur, toutes les lettres estampillées de timbres bizarres, surtout originaires de pays communistes. Ainsi, les copies de cartes postales, de félicitations, de lettres destinées généralement à des scientifiques, ou à des philatélistes, finissent dans les locaux de la police fédérale. Jean-Pascal Delamuraz, qui deviendra des années plus tard président de la Confédération, répond aux questions de Ferdinand sur ses camarades de cours. Ferdinand raconte : « J'avais convoqué Delamuraz alors qu'il était étudiant. Je voulais avoir des informations sur l'Union démocratique des étudiants, un groupe de gauche, avoir une approximation de la force de leur mouvement. Très gentiment, il m'a donné son analyse[47] ». Cette logique sécuritaire a permis au fichier de la Croix-Rouge suisse, contenant les noms des 80 000 enfants étrangers qui avaient fait un séjour de convalescence en Suisse, d'être inexplicablement englobé dans les cartons du contre-espionnage.

Parfois, certains agents en font trop. Ferdinand doit les freiner. Il se souvient de l'un d'eux en particulier : « Il décrivait la vie privée du suspect, il allait jusqu'à noter ses amendes de stationnement. La police municipale se fourvoyait, elle croyait parfois reconnaître des jeunes, c'en étaient d'autres... » Le rapport de la commission d'enquête parlementaire signale : « L'interprétation du mandat général de police est largement incontrôlé et souvent laissé à l'appréciation de ceux qui sont chargés de collecter des renseignements sur le terrain. Ce n'est pas seulement le procureur de la Confédération et le chef de la police fédérale qui sont responsables de cette lacune, mais encore le chef du Département de la justice et de la police et le Conseil fédéral[48]. »

Selon la commission d'enquête, « l'activité de la police fédérale peut constituer une atteinte massive aux relations professionnelles, sociales et personnelles des personnes concernées[49] ». En fait, le sommet de l'État est irresponsable. Il s'est mis aux abonnés absents. Nous assistons alors au règne d'une bureaucratie baroque : « Une grande partie des informations sont devenues avec le temps sans valeur ou carrément fausses [...]. A partir d'informations inexactes et dépassées, on tire forcément des conclusions erronées et la transmission de telles données porte, de surcroît, atteinte aux droits de la personne[50]. » Le nombre incalculable d'erreurs commises donnent froid dans le dos. Des « ficheurs » avancent une explication technique : « Berne déléguait la surveillance aux cantons. Nous accomplissions notre travail. Et c'est ensuite à la police politique que nos rapports étaient résumés en allemand. Et c'est là qu'une bonne partie des contresens a été commise. » La faute en revient-elle, aux traducteurs ? L'essentiel n'est évidemment pas là et tient à des racines plus profondes : l'amateurisme des policiers, la structure fédérale où chacun fait ce qu'il veut, l'attitude de la population et des autorités.

Que se serait-il passé en cas de grave crise intérieure? Des milliers de gens auraient été interpellés qui ne représentaient aucun danger pour l'État alors que des narco-trafiquants opéraient sans trop d'inquiétude. Moritz Leuenberger se souvient encore de l'effroi qu'il a éprouvé lorsqu'il s'est aperçu qu'un trafiquant de drogue avait gracieusement invité le gouvernement d'Uri *in corpore* pour faire un voyage à Istanbul...

Le ver dans le fruit de la démocratie

Au moment même où s'écroulait physiquement le mur de Berlin, ce système de fichage s'écroulait lui aussi. Moritz Leuenberger se souvient : « Lors de la conférence de presse sur le rapport final de la commission d'enquête parlementaire, je voulais faire une blague que je n'ai finalement pas faite. Dire que nous nous étions organisés pour faire tomber le mur de Berlin la semaine précédente afin que deux affaires importantes n'entrent pas en concurrence la même semaine. En fait, les deux événements n'taient pas sans rapport[51]. » C'est, en effet, la fin d'une époque pour la Suisse. L'air du dégel commence.

Avec la fin du communisme, la surveillance policière a perdu sa principale justification idéologique. Mais ce système était déjà menacé par son absurdité même. Bureaucratie baroque émancipée de toute vraie tutelle, État dans l'État avec ses règles impénétrables, déconnecté de tous les enjeux réels, un tel système devenait contre-productif, allant même jusqu'à conserver les dossiers de personnes décédées depuis des années, et qui n'avaient d'ailleurs jamais commis le moindre délit. A un moment, c'est le professeur de grec de l'université de Lausanne qui affole les services de renseignements, bien que sa fiche dise de lui qu'il est « un idéaliste de gauche, très sociable et très généreux ». Il est mis sur écoute, son courrier est lu au nom de l'article 226 (attentats à l'explosif, préparation, fabrication, passage à l'acte). Mais la surveillance est difficile, comme le révèle sa fiche : « Des surveillances sont en cours de la part de la sûreté vaudoise, mais elles sont difficiles car l'intéressé se déplace volontiers à bicyclette. » Explication de tout ce déploiement d'inquisitions : le professeur avait entretenu une correspondance avec un jeune Italien emprisonné, soupçonné d'appartenir aux Brigades rouges.

Cet amas d'informations n'a jamais été exploité dans un but quelconque. L'entreprise s'est épuisée dans une collecte stérile de renseignements qui n'a servi à prévenir aucun délit, même si elle a contribué à frapper d'interdictions professionnelles de supposés « extrémistes ». Mais elles auraient pu servir à emprisonner des dizaines de milliers de gens, le plus souvent sans raison. Tout État a certes besoin de se protéger contre le crime organisé et les risques de déstabilisation. Mais, en Suisse, l'affaire des fiches a montré comment une tâche légitime de protection de l'État a pu déraper et donner naissance à un processus de suspicion et de fichage aussi large qu'incohérent. L'une des raisons tient à la double fonction de la police fédérale, qui a confondu ses tâches de police judiciaire avec celles de protection de l'État. Les fonctionnaires, livrés à eux-mêmes, ne disposant ni de directives générales, ni de critères précis, ont récolté des informations inutiles, erronées, ont tiré de fausses déductions utilisées à mauvais escient, portant atteinte à la vie privée. Dès lors que le soupçon porte sur un danger abstrait, il n'y a plus de limites à l'accumulation d'informations, devenues des fins en soi.

Les policiers ont donné libre cours à leurs fantasmes, à l'abri de l'absence de curiosité du gouvernement. Comme le constatait le professeur de droit Philippe Bois : « Dans un pays où le gouvernement prend la peine de déterminer le rayon de courbure des angles des plaques d'immatriculation, il n'a jamais été proposé de débat sérieux sur la protection de l'État. » Les ministres successifs de la Justice et de la Police, favorables à ce système, ont tous été empreints d'une idéologie sécuritaire, même s'ils s'en défendent devant le scandale. Ludwig von Moos, qui en fut responsable de 1960 à 1971, rejette toute responsabilité : « Le ministère public a largement agi sans mandat de ma part », affirme-t-il; Kurt Furgler, ministre de 1972 à 1982, ne se souvient plus du fichier des extrémistes; Rudolf Friedrich n'a pas meilleure mémoire. L'oubli n'est pas seulement l'apanage de l'administration. Il trouve également son écho dans la population qui a perdu l'indignation qu'elle avait naguère éprouvée vis-à-vis d'un État capable de fouiller dans les vies privées.

Le 22 septembre 1990, Werner Gut est nommé à la tête d'une équipe de quatre-vingts personnes pour liquider administrativement l'affaire des fiches. Il doit envoyer 1 000 copies de fiches par semaine aux gens qui le demandent. L'opération coûte 35 millions[52] et demande un énorme travail : il faut caviarder feuille par feuille le nom des informateurs... Mais le prix politique est infiniment plus lourd : le rapport de la commission d'enquête parlementaire a appris à l'opinion helvétique que la police fédérale s'est davantage consacrée à une dérisoire chasse aux sorcières qu'à la traque des gros bonnets de la drogue. Ce n'est pas seulement la confiance des citoyens envers leurs institutions qui est ébranlée : rétrospectivement, beaucoup d'entre eux prennent consicence qu'ils ont, pendant des décennies, apporté leur soutien à une idéologie sécuritaire sans s'être rendu compte qu'ils pouvaient en être les victimes. L'écrivain Peter Bichsel note à ce propos : « Notre volonté de créer une démocratie libérale n'existe plus. Notre objectif, c'est la défense générale [...] La démocratie n'est pas une situation. C'est un concept culturel. C'est un état d'esprit que nous devons retrouver. Cette dépolitisation est à l'origine de la catastrophe[53]. »

En vérité, c'est un des fondements de la démocratie suisse qui a été dévoyée : le citoyen supposé être le socle de la démocratie directe helvétique a été victime d'une police de la pensée, d'une trahison de l'esprit démocratique qui repose en ultime ressort sur la liberté de pensée et d'expression. Moritz Leuenberger déclare : « La Suisse cherche l'ennemi pour survivre. Nous sommes divisés en quatre langues, nous avons deux cultures majoritaires ; le fédéralisme est une réponse à notre diversité, mais l'identité suisse n'est pas claire. Et la figure de l'ennemi nous a toujours aidés à renforcer la cohésion du pays[54]. » Nul n'aurait pu imaginer que la police irait pareillement traquer l'ennemi à l'intérieur de son propre corps social. Triste ironie : c'est le citoyen qui est devenu suspect, traître virtuel à la patrie.

Nombre de ces « ennemis de l'État » sont aujourd'hui à des postes de responsabilité politique. L'heure du dégel est enfin venue, mais cette mentalité de suspicion a laissé sa marque.

6

Les faiseurs de Suisse

Le pivot de l'idéologie sécuritaire repose sur le sentiment d'une identité suisse constamment menacée. Lors de l'Exposition nationale de 1939 à Zurich, une maquette montrait « le mauvais Suisse », celui qui avait épousé une étrangère. Elle présentait huit couples habillés en mariés, mais le huitième était mis sous une cloche de verre... avec cette légende : « Un Suisse sur huit épouse une étrangère ». Cette idéologie a nourri la xénophobie, la méfiance face à l'étranger et à l'Europe. Échappant à ses créateurs, elle a gagné en autonomie et s'est radicalisée. La démocratie directe lui a donné des instruments pour peser sur les choix politiques. Le processus de naturalisation dans certains cantons de Suisse centrale montre, par ses excès mêmes, comment cette obsession de la menace a marqué les mentalités au point de saper le principe d'égalité des hommes devant la loi et, parfois, de justifier le règne de l'arbitraire et du racisme.

En filigrane, la « question étrangère » renvoie à une identité suisse tiraillée entre deux conceptions : d'un côté, une vision plus française, républicaine et contractuelle et, de l'autre, une vision « organiciste » proche de l'idée d'un *Volk*, d'un « peuple » sur le modèle germanique, une nation ethnique focalisée sur la notion de droit du sang et d'attachement au sol. Cette contradiction est le fruit d'un compromis. Effrayés par le début de guerre civile de 1847, les radicaux n'ont pas été au bout de leur révolution libérale en 1848. Inventifs et habiles, ils ont su mettre en place un fédéralisme qui permettait aux catholiques conservateurs vaincus de se reconnaître dans les nouvelles institutions. Rétrospectivement, cette révolution républicaine inaboutie a dessiné une citoyenneté et une identité aux contours flous, et fait le lit d'un mouvement de défiance face à tout ce qui était de nature à mettre en péril cette identité considérée comme fragile, car laissée en suspens. L'idéologie du peuple élu, puis de la défense spirituelle sous toutes ses formes, n'ont fait que conforter cet esprit de défiance face à l'étranger. Les institutions de la démocratie directe ont permis à la xénophobie de s'exprimer ouvertement.

Des étrangers déguisés en Suisses

Jelena Klaric, domiciliée pendant vingt-quatre ans en Suisse, biochimiste, directrice d'un laboratoire médical, s'est vu refuser la naturalisation, ainsi que sa fille de quatorze ans, Milica. Said Agküc, domicilié pendant vingt ans en Suisse, tailleur ; sa femme et ses trois enfants tous nés en Suisse ; Tavarin Samar, ingénieur, dont la fille, institutrice, a épousé un Suisse : à tous la naturalisation a été refusée. Comme la loi fédérale l'exige, tous habitaient sur le territoire helvétique depuis plus de douze ans. La commune, le canton et la Confédération étaient favorables à la naturalisation. La police n'avait strictement rien à leur reprocher. Ils étaient prêts à payer la taxe de naturalisation de 2 000 ou 3 000 francs et eux-mêmes s'étaient présentés devant l'assemblée communale sans qu'aucun habitant ait élevé la moindre objection. Mais voilà, dans le canton de Schwyz, le peuple est souverain. A mains levées ou dans le secret de l'isoloir, il vote les naturalisations, comme si les candidats demandant le passeport suisse étaient des politiciens en quête de mandat. Et le peuple, ici, dit souvent non.

Le maire de la commune de Schwyz, Urs Marty, membre de l'UDC (droite populiste), reconnaît : « Il y a un groupe de citoyens qui, par principe, refusent toutes les naturalisations. Ici, ajoute-t-il, c'est comme ça. » Le maire pense que les candidats ne s'y prennent pas de la bonne manière : « Vous comprenez, Schwyz est divisée en quatre quartiers. Or les candidats ne sont connus que dans un seul, celui où ils habitent. Comment voulez-vous qu'ils se fassent admettre alors ? » Faudrait-il donc que ceux qui veulent devenir schwyzois fassent une campagne électorale ? Urs Marty ne sait pas comment surmonter cet obstacle. Il estime toutefois que les candidats feraient bien d'appartenir à des sociétés et de parler le dialecte, le schwyzerdütsch, mais il s'empresse d'ajouter : « Les Turcs et les Yougoslaves n'ont presque aucune chance d'être acceptés. Dans la tête des gens, ce sont des criminels. » Le maire sait pertinemment que ces candidats ont passé tous les filtres, que leur certificat de bonnes vie et mœurs est en acier trempé, mais contre la force des préjugés de ses concitoyens, il prétend qu'il n'y a rien à faire. Lui-même est satisfait du système actuel : « Vous comprenez, le peuple ne sera jamais d'accord pour laisser faire un gouvernement qui ouvrirait la porte à tout le monde. » Qu'il s'agisse de vingt ou quarante candidats, enfants compris, établis depuis des lustres à Schwyz, et non de hordes de barbares qui déferleraient sur la Suisse, n'y change rien.

Le porte-parole socialiste du canton, Otto Kümin, dénonce le règne de l'arbitraire : « La vérité, c'est que notre système de naturalisation est raciste. Les gens ne regardent même pas le curriculum vitæ des candidats. Dans le secret de l'isoloir, ils voient un nom yougoslave et ça suffit pour être rejeté. » En 1994, tous les candidats de l'ex-Yougoslavie ont été refusés. En 1995, un seul a été accepté. Même s'il n'y a aucun rapport entre des candidats établis de longue date en Suisse et des requérants d'asile, une partie de la population amalgame les deux, prêtd à y voir le spectre d'une surpopulation étrangère. Avec un ennemi intérieur : les étrangers qui, en se naturalisant, se seraient déguisés en Suisses. « Nous acceptons que des étrangers travaillent ici, mais la population ne les veut pas comme égaux », explique Urs Marty. Reste une exception de taille : les Vietnamiens qui deviennent Helvètes sans problème. « Ces gens-là sont des travailleurs et ils se tiennent tranquilles », ajoute-t-il.

Pour mettre fin au règne de l'arbitraire, le Parlement des jeunes vient de lancer une initiative populaire qui préconise que ce soient les autorités communales, et non plus les citoyens, qui décident des naturalisations. Otto Kümin espère que ce projet va aboutir : « Ce serait la fin de ce système tellement injuste et humiliant. Lorsque les candidats se présentent devant l'assemblée communale, cela me fait penser à un marché aux bestiaux. » Mais rien n'est joué. Heidi Weber, chargée des affaires culturelles de Schwyz, rappelle l'importance de la démocratie directe : « Jamais le peuple n'acceptera une telle initiative. Et le pouvoir doit être aux mains du peuple. » Elle ajoute : « Nous avions accepté par le passé des Italiens et des Espagnols, mais ils n'ont pas la même mentalité que nous. Et certains Yougoslaves, on se demande pour qui ils se prennent... »

Établies depuis une dizaine d'années dans la localité de Pfäffikon, Jelena Klaric et sa fille Milica reçoivent un journaliste avec crainte : « Avez-vous averti le maire ? » questionnent-elles, redoutant que parler ne se retourne contre elles. Elles vont essayer de se faire naturaliser pour la troisième fois, mais séparément, pour augmenter leurs chances : « Si ma fille réussit, je m'infiltrerai dans la brèche. Si elle échoue, nous changerons de canton et essayerons ailleurs. » La première fois, leur naturalisation a été rejetée par 100 voix, la seconde fois, par 500 voix. « Ça a été un choc. Ma fille pleurait. Elle disait : pourquoi nous ? Qu'est-ce qu'on leur a fait ? Pourquoi nous rejettent-ils ? » Le garagiste est venu leur dire qu'il avait honte d'être schwyzois et leurs voisins se sont excusés du résultat. Dans le village d'Ibach, une publicité pour le jodl est affichée sur la porte de l'échoppe de Saïd Agküc. « La publication de votre article ne va pas nous faire du mal ? » interroge-t-il, craintif, avant de poursuivre : « Vous comprenez, j'ai donné des noms suisses à mes enfants, Gabriel, Florian, Aaron. Ils ne parlent pas turc. Leur langue maternelle, c'est le suisse allemand. S'ils doivent faire l'armée, c'est en Suisse, pas en Turquie. D'ailleurs, il n'y a plus de place pour nous là-bas. Nous sommes chrétiens. » Saïd Agküc et sa famille vont essayer eux aussi une troisième fois de se faire naturaliser. Mais lui non plus n'est sûr de rien après deux échecs : « Nous nous sommes présentés à l'assemblée communale. Nous sommes financièrement sains, nous n'avons jamais enfreint la loi... »

Si Vuong n'a pas ces problèmes. Vietnamien d'origine chinoise, trente-huit ou trente-neuf ans, selon le calendrier en usage, il s'est fait naturaliser du premier coup avec ses parents et sa fille. « Maintenant, c'est ici ma patrie », affirme-t-il. Son allemand, contrairement à celui de Jelena, Milica et Said, est hésitant. Pour l'aider, sa fille traduit parfois en vietnamien. Les critères d'assimilation sont visiblement fluctuants. A Seelisberg, dans le canton d'Uri, les lois sont similaires à celles de Schwyz. Aloïs Bader, entrepreneur et conseiller communal pendant dix ans, affirme : « Nous n'avons pas de vrais critères. C'est le sentiment de la population qui prévaut. Il faut que le candidat à la naturalisation soit sympathique. » Sympathique? A Seelisberg, en dix ans, une seule famille a voulu être naturalisée. Ce fut un échec : « Ce Yougoslave était un bon type. Il travaillait à l'hôtel Bellevue. Mais il avait trop d'enfants. Et des gens du village ne le connaissaient pas. »

A Schwyz, la Suisse est partagée entre les deux traditions qu'autorise le fédéralisme. D'un côté, les critères objectifs au niveau fédéral, héritiers d'une tradition républicaine. De l'autre, un esprit du peuple, où dominent les raisons émotionnelles, teintées de xénophobie et du sentiment qu'il faut défendre des valeurs suisses dont le contenu n'est jamais précisé. Sémantiquement, le premier sens de naturalisation est : « donner à un animal mort l'apparence du vivant par taxidermie. » En d'autres termes, empailler. A Schwyz, on y arriverait presque — mais ces « naturalisés » ne sont pas ceux qu'on croit...

L'identité menacée

Dans cette frontière entre « nous » et « eux », il y a toute la différence entre celui qui se sait Suisse et l'Autre. Le naturalisé a, lui, été un mutant. Il fut Autre, avant de perdre sa qualité d'extériorité pour devenir membre de la collectivité nationale. Dans un pays culturellement éclaté entre ses différentes composantes linguistiques, religieuses, politiques et cantonales, le mode de naturalisation est un révélateur de l'identité nationale. En effet, le processus, en Suisse, est particulier, et parmi les plus exigeants au monde : la loi fédérale requiert douze ans de présence et l'intégration du mode de vie et des valeurs du pays d'accueil, et tout un cheminement administratif au travers duquel le candidat à la naturalisation sera mis à l'épreuve avec entretiens et enquêtes, accompagnés parfois d'examens de connaissance, auprès du voisinage, de professeurs, de collègues... L'acquisition de la nationalité, fait unique au monde, se fait à trois niveaux : communal, cantonal, fédéral. Le dernier échelon se contente de donner l'autorisation préalable. Aux cantons et aux communes reviennent la décision de juger l'aptitude du candidat à la « suissitude ». Les autorités recherchent la preuve de son intégration sociale : participation à des clubs alpins, pratique des sports d'équipe, pompier volontaire, participation volontaire à la protection civile... Certains cantons alémaniques exigent une connaissance du dialecte. D'autres, surtout latins, imposent le serment, rituel de la nouvelle allégeance[55].

La naturalisation a un prix. Jusqu'en 1990, le montant pouvait se chiffrer jusqu'à 100 000 francs, selon la fortune et le revenu. Quelques communes pauvres avaient même développé un « business » de la naturalisation. Le passeport suisse est vu comme un investissement « dans l'ordre, la sécurité, la stabilité de l'emploi, la solidité du franc ».

C'est que dans ce meilleur des mondes, marqué par l'esprit du réduit national et de la protection civile, l'étranger fait figure de menace. Il incarne soit le désordre, soit le danger d'une altérité face à une « suissitude », du reste fort imprécise, soit encore l'image du vil opportuniste, du profiteur qui veut en quelque sorte « croquer » dans le gâteau suisse pour mieux tirer parti de la prospérité et de la paix, sans en avoir payé le prix. Sans doute l'étranger est-il un rappel permanent de l'absence d'unité culturelle. Menace identitaire, il est pourtant indispensable économiquement, comme les statistiques le montrent : les étrangers représentent près d'un cinquième de la population et un quart de la force de travail. Mais le pourcentage d'étrangers en Suisse (18,1 % en 1997) descendrait à une moyenne européenne, si le processus de naturalisation n'était pas l'un des plus tortueux et des plus chers du monde.

Le « problème étranger » commence avec les Suisses eux-mêmes, émigrés hors de leur canton. Des policiers, aujourd'hui âgés, racontent qu'ils traquaient les vagabonds suisses pour les renvoyer dans leur canton d'origine. Mais s'ils atteignaient la gare, territoire fédéral, ils devenaient par là hors d'atteinte des gendarmeries cantonales. L'étranger, jusque dans les années cinquante et soixante, commençait donc aux frontières du canton.

Encore aujourd'hui, un professeur ou un fonctionnaire genevois ne peut théoriquement habiter à Lausanne, autre domicile fiscal. Les recherches de l'historien Gérald Arlettaz montrent qu'entre 1889 et 1904, 34 966 Suisses se sont fait naturaliser pour avoir droit de cité dans un autre canton ou commune que leur lieu d'origine. Quand, sous l'effet de l'industrialisation, à la fin du XIXe et au début du XXe siècle, des réfugiés viennent en nombre d'Allemagne et d'Italie, l'immigration se transforme en objet d'angoisse nationale. Au tournant du siècle, le thème de la surpopulation étrangère est connoté d'une charge xénophobe. Georges Addor, chancelier de l'État de Vaud, s'exclame : « Pour sauver du naufrage la santé de la race, on proclamera la nécessité d'une existence sobre, calme et sereine, et des travaux en plein air. Ce sera la revanche et le triomphe des habitants des campagnes, des vallées rustiques et des montagnes au rude climat ! Mais la chaîne des générations saura-t-elle résister et serons-nous les ancêtres des siècles futurs[56] ? »

En 1905, le gouvernement interdit aux chemins de fer de convoyer des tziganes dans leurs wagons, et préconise de les expulser du pays. Quelques années plus tard, dans un programme de lutte destinée à se défendre « contre la plaie des tziganes », les enfants sont systématiquement enlevés à leurs familles, pour que les tziganes disparaissent comme groupe social[56]. Xénophobie, antisémitisme (contre une population juive quasi inexistante en Suisse, 0,3 % de la population), antiféminisme (la femme est uniquement considérée sous l'angle nataliste et celui de la défense de la moralité familiale — « sans enfant, le foyer s'écroule et avec lui la nation[57] ») se développent. En 1914, le terme de « surpopulation étrangère » est repris par le ministère des Affaires étrangères. En 1917, l'Office central de la police des étrangers est créé. L'image de l'étranger est un stéréotype où se mêlent les figures du barbare, du socialiste, de l'ouvrier, du Juif, du criminel...

Aux revendications ouvrières de l'après-1918 se mêlent des étrangers, déserteurs, militants politiques, réfractaires au service militaire : ils vont cristalliser l'attention des milieux conservateurs. Le 25 octobre 1925, un article constitutionnel donne le droit à la Confédération de « légiférer sur l'entrée, la sortie, le séjour et l'établissement des étrangers ». Le concept de « surpopulation étrangère », repose davantage sur des données émotionnelles que sur une analyse économique ou démographique. A l'État dont rêvaient les radicaux de 1848, qui repose sur le règne de la raison et de la liberté, succède un État qui, au nom d'une « volonté populaire », traite les étrangers en fonction de critères du marché du travail et de la défense de l'identité suisse.

Le 9 décembre 1938, le message du Conseil fédéral sur le patrimoine spirituel de la Confédération critique ouvertement tout ce qui n'est pas suisse, « *unschweizerisch* » : en vrac, l'architecture moderne, le cubisme, l'étranger, le marxisme, le pacifisme, le rouge à lèvres, ainsi que le mariage d'un Suisse avec une étrangère. L'antisémitisme se développe. On a vu comment cette politique triomphe avec la « barque pleine » en 1942, après le lancement de la Solution finale.

Toutefois, dans la période de l'après-guerre, la croissance économique nécessite une importation massive de main-d'œuvre étrangère. Ce n'est qu'en 1970 que « s'épanouit » à nouveau un mouvement xénophobe marqué par l'initiative populaire de James Schwarzenbach. Le gouvernement, sentant l'état de crispation de l'opinion publique, mais redoutant les effets économiques de l'expulsion de 200 000 étrangers, décide d'un plafond global pour la population étrangère. Le chiffre n'est pas précisé, et il variera d'année en année, en fonction de négociations entre syndicats, patronat, partis politiques... C'est le système encore en vigueur aujourd'hui. L'initiative de Schwarzenbach est défaite par une courte majorité. Entre 1970 et 1995, une dizaine d'initiatives populaires sont déposées, dont les cibles se déplacent : c'est désormais moins la main d'œuvre étrangère que les réfugiés et les clandestins qui sont visés. Ces initiatives sont toutes rejetées mais le gouvernement est incapable de juguler une peur qui resurgit périodiquement.

La Suisse est le seul pays d'Europe à reconnaître un statut de saisonniers. Elle autorise des hommes (le plus souvent) à travailler au maximum neuf mois sur douze en Suisse, à condition qu'ils s'engagent à ne pas faire venir leur femme et leurs enfants. C'est vouloir les bras, mais rejeter l'homme à qui ils appartiennent. Ce statut, qui interdit en pratique le regroupement familial, explique pourquoi la Suisse a émis une réserve sur la Convention de l'ONU relative aux droits de l'enfant. L'actuelle ministre de la Santé, Ruth Dreifuss, constate : « Le gouvernement pourrait décider de sa propre autorité de ne plus renouveler les quotas annuels. Il admet que ce statut est moralement répréhensible. Pourquoi ne le fait-il pas ? Parce qu'il a peur des populistes de Christoph Blocher et ne veut pas donner une carte aux Européens. Mais que vaut une carte, alors que nous disons nous-mêmes qu'elle est pourrie ? Quelle concession pouvons-nous obtenir dans les négociations européennes, alors que nous reconnaissons depuis six ou sept ans que cette situation est injuste ? Nous aurions mieux fait de gagner à notre cause les Italiens, les Espagnols, les Portugais. Sans même évoquer des arguments moraux, notre position de négociation en aurait été améliorée[58]. »

Cette politique a durablement façonné les comportements. C'est pourquoi, contre l'avis des partis gouvernementaux, une petite majorité de Suisses a refusé en 1995 d'accorder une naturalisation facilitée à des jeunes nés ou ayant grandi dans ce pays, de crainte que « des étrangers se déguisent en Suisses ».

L'image de soi

Simultanément, la Confédération prête un soin attentif à l'image que les Suisses ont d'eux-mêmes. Les expositions nationales du XIXe et de la première moitié du XXe siècle ont mis en avant les valeurs helvétiques opposées « à la barbarie » ou à la menace étrangère. En 1964 encore, lors de l'Exposition nationale à Lausanne, le rejet de l'étranger s'exprime jusque dans l'architecture : le pavillon de l'armée est en forme de hérisson avec ses piquants. Une poignée d'intellectuels entreprennent d'interroger le pays et organisent le « questionnaire Gulliver », où un géant de huit mètres pose douze questions aux visiteurs. Ainsi, le visiteur, arrivé sur la place de la « Voie Suisse », rencontre Gulliver qui l'interpelle : « Mon voyage au pays des Suisses m'a révélé les us et coutumes de ses habitants et je puis aujourd'hui te montrer comment ils vivent. J'ai mené pour cela une enquête approfondie dans toutes les régions du pays. Mais il se peut que ma vision soit incomplète, voire erronée ici ou là. Pour la préciser, j'ai imaginé ce jeu de douze questions. Réponds-moi et je te dirai à mon tour ce que me suggèrent tes réponses. »

Ce que nul ne sait, c'est que toutes les questions portant sur la défense nationale, le rôle de la femme, le communisme, les médias, l'objection de conscience ont été dénaturées et vidées de leur substance par le représentant du gouvernement à l'Exposition nationale, Hans Giger. En automne 1963, la moitié du gouvernement suisse convoqua les trois directeurs de l'Exposition nationale pour qu'ils modifient certaines questions et s'engagent à ne pas publier les résultats ! Dans ce pays qui célèbre en permanence sa démocratie directe, le gouvernement a paradoxalement peur de son peuple. Certaines personnes qui ont participé au questionnaire Gulliver sont fichées et pénalisées dans la poursuite de leur carrière. Le fait de vouloir mieux comprendre l'identité de ce pays est mal accepté dans les années soixante !

Charles Apothéloz, l'un des responsables de l'Exposition nationale, constate : « Les dirigeants et l'équipe de travail avaient fini par subir une sorte d'inhibition devant la suspicion systématique et incessante dont ils étaient l'objet de la part de certains milieux alémaniques. » Le reproche essentiel, c'est d'être « *unschweizerisch* », d'être « non suisse »[59]. De fait, certaines questions de Gulliver étaient « *unschweizerisch* », telle que : « Peut-on être un bon Suisse et se lever à neuf heures du matin ? »

A Lausanne, le sculpteur Jean Tinguely avait créé une machine « qui ne sert à rien ». A la fin de l'exposition de 1964, il veut en faire cadeau à Lausanne, la cité hôte. La ville refuse. Une machine « qui ne sert à rien »? Radicalement *unschweizerisch* !

L'ENFER EUROPÉEN

Depuis le début, c'est-à-dire depuis le traité de Rome en 1957, la construction européenne est vécue à la fois comme une institution bienvenue qui permet de brider les tensions inter-étatiques, mais aussi comme une double menace pour la Suisse. Menace, car l'Europe est perçue à la fois comme un dangereux accélérateur des tendances centrifuges, ravivant le spectre de sa dissolution; menace encore d'une union perçue comme un « club catholique » avec son drapeau qui évoque l'image de Marie et de sa couronne étoilée, portée par ses pères fondateurs, des catholiques de premier plan, Schuman, Adenauer, de Gasperi, dont la démarche est soutenue par le Vatican, avec pour ambition de faire échec au danger communiste et à l'impérialisme américain. Ce sont six ministres démocrates-chrétiens qui ont posé les bases du Marché commun en 1958 : les Pays-Bas sont dirigés à l'époque par des démocrates-chrétiens; c'est l'Allemagne rhénane et catholique, celle de la CDU d'Adenauer, qui est au pouvoir à Bonn; la démocratie-chrétienne est omnipotente en Italie et le MRP n'a pas encore sombré en France. Certains Suisses redoutent que l'« Europe » ne soit une tentative de refaçonner un empire romain-germanique autour d'une vision centralisatrice et « bureaucratique » du pouvoir.

Cette ambition stratégique sans grande légitimité populaire, sans démocratie venue du « bas », choque un gouvernement suisse qui est engagé dans une logique de prestataire mandaté par le peuple, auquel un contrat le lie et qui à tout moment peut le désavouer par le jeu des référendums et du droit d'initiative — en théorie, toutes les lois sont contestables et abrogeables par les citoyens suisses.

Entre l'Europe et la Suisse, il y a un clivage culturel qui plonge ses racines dans la religion. La Suisse moderne a été fondée par des protestants. Un commentateur avisé, Éric Hoesli, note : « Il y a dans l'inconscient collectif helvétique une logique de la responsabilité individuelle, un sens du contrat, de la délégation du pouvoir. Il n'y a pas de relation de hiérarchie verticale comme dans le catholicisme. » C'est pour cela que les Suisses se sentaient si bien dans l'Association économique de libre-échange, avec les Britanniques et les Danois, c'est-à-dire avec des pays protestants, traditionnellement les plus rétifs, au sein de l'Union européenne, à tout ce qu'ils perçoivent comme une résurgence d'un centralisme inspirée par le catholicisme.

C'est en partie pour cela que, dans son message du 5 février 1960, le gouvernement suisse écrit : « L'adhésion à la Communauté européenne avait [déjà] été jugée impraticable en 1957 [...]. La Communauté a pour objectif d'instituer un super-État européen. A cette fin, et conformément au traité de Rome, l'autonomie de chacun des États membres doit, au cours des années, être de plus en plus restreinte au profit d'organismes internationaux. Or un abandon, même partiel, en matière de politique commerciale, implique pour un petit État des risques incomparablement plus sérieux que pour un grand État [...]. De plus, une adhésion à la communauté affecterait le système suisse de la démocratie directe et, dans une certaine mesure, la structure fédéraliste du pays. De toute manière, confier la protection des intérêts du peuple suisse [...] serait incompatible avec le principe de la formation démocratique et de la volonté populaire. »

Le gouvernement se fait ensuite plus clair encore : « La volonté d'indépendance du peuple suisse s'oppose par conséquent à une adhésion à la Communauté. Une nation qui doit son existence non pas à l'unité de langue, de culture ou d'origine, mais à une volonté politique, ne peut consentir à un affaiblissement progressif de son indépendance politique. » Le message ajoute qu'une adhésion de la Suisse constituerait « un abandon partiel de l'indépendance nationale, fondement de la neutralité suisse ». Bref, l'adhésion à l'Europe est vue comme une aliénation de la liberté et du fondement même de la Suisse, mettant en danger la volonté de vivre ensemble, source de la vie commune. Le gouvernement recommande donc une voie moins risquée, celle d'accords bilatéraux entre la Suisse et la Communauté, destinés à baisser les tarifs douaniers.

Le 11 août 1971, le gouvernement suisse suit toujours la même ligne. Dans son message, il s'inquiète des déclarations de Charles de Gaulle faisant part de son désir de doter l'Europe d'une politique étrangère commune : « Les idées du président de la République française sur une Confédération européenne [« visant à une finalité politique qui donnerait à la Communauté tout son sens et sa portée »] méritent d'être mentionnées ». Le gouvernement suisse se dit alors favorable à un accord tarifaire avec la Communauté, pour autant « que le monde extérieur puisse continuer de se fier à la capacité de notre pays de maintenir sa neutralité permanente et de mener une politique correspondante. Pour atteindre ce but, la Suisse doit conserver une liberté de mouvement suffisante dans les principaux domaines d'activité de l'État, notamment dans ceux qui confèrent au pays son identité propre face au monde extérieur ». Prudent, le gouvernement suisse souligne qu'« en cas de rapprochement avec la CE, la Suisse doit pouvoir assurer sa survie en temps de guerre, en maintenant une base suffisante à sa production alimentaire ».

Le gouvernement rejette donc toute idée d'adhésion, au nom de la « souveraineté nationale », de la « démocratie directe et du fédéralisme » et de la « neutralité armée », pour en arriver enfin à la menace que constitue la Communauté pour la Suisse : « Nos structures politiques ont assuré la cohésion interne d'un pays où coexistent plusieurs langues et plusieurs confessions, et permis à des intérêts divergents ainsi qu'à des oppositions de toutes sortes de trouver une issue pacifique et constructive. » En 1981, le gouvernement confirme son point de vue : « Les considérations politiques qui nous ont, à l'époque, empêchés d'envisager une adhésion à la Communauté n'ont pas été infirmées par l'évolution depuis 1972[60]. »

Comment s'étonner alors du poids de cette vision de l'exceptionnalité suisse dans les années à venir?

Notes

Deuxième Partie

1. Friedrich Dürrenmatt, *Pour Vaclav Havel*, Genève, Mini-Zoé, pp. 11-12.

2. Philippe Etter, *Sens et mission de la Suisse*, Genève, Éd. du Milieu du monde, 1942, p. 138 et 139.

3. Willy Boder, *LNQ*, 26 avril 1996.

4. Peter H. Hufschmid : « Dans les années cinquante, des personnes ont été irradiées à mort pour faire des expériences », *LNQ*, 26 juin 1995.

5. Pietro Boschetti : « Quand la Confédération déléguait sa politique extérieure aux organisations de l'économie », *LNQ*, 16 février 1998.

6. Albert Bachmann et Georges Grosjean, *Défense civile*, publié par le Département fédéral de justice et police à la demande du Conseil fédéral, Aarau, éd. Miles, 1969.

7. *Ibid.*, p. 25.

8. *Ibid.*, p. 227.

9. *Ibid.*, p. 243.

10. *Ibid.*, p. 283.

11. Roger de Diesbach et Jean-Jacques Grezet, *L'Armée*, éd. Mondo, p. 23.

12. *Ibid.*, p.34.

13. *Ibid.*, p. 12.

14. *Ibid.*, p. 71.

15. *Ibid.*, p. 23.

16. Entretien avec l'auteur.

17. Hans Kopp, *in* Peter Hug, *La Protection civile en Suisse*, Lausanne, éd. D'en bas, 1990, p. 16.

18. *Ibid.*, analyse de Jakob Tanner, « La défense totale d'un petit État menacé », p. 57.

19. *NZZ*, 1er février 57.

20. Elisabeth Kopp, *in* Peter Hug, *op. cit.*, article de Schnyder Thomas, « La protection civile, instruction ou folklore », p. 16.

21. Document sur le Sonnenberg, établi par le bureau d'architecture, p. 11.

22. *Ibid.*, p. 16.

23. *Ibid.*, p. 15.

24. *Ibid.*

25. Pierre Hazan, « Cacao, céréales et charbon : faute d'ennemis, la Suisse liquide ses stocks de guerre », *LNQ*, 11 novembre 1997.

26. Entretien avec l'auteur, 12 novembre 1997.

27. Commission d'enquête parlementaire II (CEP II), 1.3.3.2, scénarios d'engagement..

28. *L'Hebdo*, 29 novembre 1990.

29. CEP II, le pouvoir de décision supérieur de l'organisation, 1.3.3.2.

30. *Ibid.*, effectif et recrutement, 1.3.3.4.

31. *Ibid.*, responsabilité du Conseil fédéral 1.5.2.

32. Entretien avec l'auteur, 21 juillet 1997.

33. *L'Hebdo*, *op. cit.*

34. Entretien avec l'auteur, 12 juillet 1997.

35. Le rapport du groupe de travail de la commission de gestion du Conseil national, p. 17.

36. *L'Illustré*, 4 janvier 98.

37. *L'Hebdo*, 25 octobre 1990.

38. Entretien avec l'auteur, 12 janvier 1998.

39. Entretien avec l'auteur, 17 décembre 1997.

40. Commission d'enquête parlementaire (CEP) 5.2.1, p. 170.

41. *L'Hebdo*, 7 juin 1990.

42. *Liberté*, 17 mars 1990.

43. Entretiens avec l'auteur, décembre 1997 et janvier 1998.

44. Merci à Marco Solari de m'avoir autorisé à faire usage des lettres que Max Frisch lui a envoyées.

45. Entretien avec l'auteur, 21 juillet 1997.
46. Entretien avec l'auteur, 12 janvier 1998.
47. Entretien avec l'auteur, décembre 1997 et janvier 1998.
48. CEP, p. 176.
49. *Ibid.*, p. 199.
50. *Ibid.*, p. 178.
51. Entretien avec l'auteur, 17 décembre 1997.
52. *Journal de Genève*, 3 mai 1996.
53. *L'Hebdo*, 8 mars 1990.
54. Entretien avec l'auteur, 17 décembre 1997.
55. Voir l'ouvrage de Pierre Centlivres, *Devenir suisse*, Genève, éd. Georg, 1990.
56. Hans Ulrich Jost, *Les Avant-Gardes réactionnaires*, *op. cit.*, p. 104.
57. *Ibid.*, p. 108.
58. Entretien avec l'auteur, 12 janvier 1998.
59. Charles Apothéloz, *Les Suisses dans le miroir*, Lausanne, Payot, 1991, p. 114.
60. Réponse du Conseil fédéral au postulat Alder, le 8 octobre 1982.

Troisième Partie

« Si Dieu avait été suisse, il attendrait encore aujourd'hui le bon moment pour créer le monde. »

Hugo LOETSCHER

1

La chute de la maison suisse

Moins de dix ans après la chute du mur de Berlin, la société suisse est en crise. Et le gouvernement expédie les affaires courantes, sans en comprendre visiblement la profondeur. Cette crise n'épargne rien : ni le système politique, déconnecté de la société civile, ni la mythologie qui le sous-tendait, ni l'économie secouée par les effets de la mondialisation, ni la cohésion nationale mise à mal par la question sociale, les clivages ville-campagne, la polarisation de plus en plus forte entre majorité alémanique et minorité francophone, l'affrontement politique sur l'intégration européenne... De tous les pays d'Europe occidentale, la Suisse est le seul à n'enregistrer aucune croissance économique entre 1990 et 1997. Crise de fin de règne pour l'« exception suisse » : tout le tissu social helvétique, ce fameux « miracle de la volonté », se défait petit à petit. A l'exception sans doute du clivage religieux, la Suisse redécouvre ironiquement des démons qu'elle croyait avoir vaincus. Ironiquement, le choix devant lequel Jaspers plaçait l'Europe s'est déplacé vers la Suisse : « S'helvétiser ou se balkaniser ». Certains membres du gouvernement le reconnaissent ouvertement : « Si elle demeurait isolée, la Suisse s'entre-déchirerait sur des questions de banalité[1]. »

La déconnexion entre l'économie et la société civile

La cohésion nationale est l'alpha et l'oméga de la mythologie suisse. En 1937, avec la paix du travail, elle trouve l'une de ses plus vibrantes expressions. En pratique, son principe est celui de la négociation collective : les employés s'interdisent d'utiliser l'arme de la grève. En échange, les employeurs garantissent des augmentations de salaires négociées avec les syndicats, sous l'œil approbateur des autorités qui y voient le pendant du consensus politique. Cette paix sociale, qui unit, dans une même vision consensuelle de la Suisse, l'économie, le social et le politique, est investie d'une forte charge symbolique. Unissant ces trois piliers de la nation, elle est, d'une certaine manière, la réactualisation du serment du Grütli. Son message idéologique sous-jacent est le même que celui de la neutralité. Il dit en substance : la nature du Suisse le dissuade de participer aux conflits internationaux, comme aux conflits sociaux. La terre helvétique n'est pas un sol propice à la lutte des classes, mais un lieu de négociations et de compromis.

Le citoyen-soldat qui dissuade l'ennemi est aussi un citoyen-travailleur, prêt au sacrifice et honoré comme tel. Telle est la teneur du message du président de la Confédération, Philipp Etter, lors de l'inauguration de « La Landi », le 6 mai 1939 : « Les peuples qui prirent part à la guerre mondiale honorent les tombes de leurs soldats inconnus. Aujourd'hui, jour d'honneur du travail suisse, je veux saluer le travailleur inconnu. » C'est cette éthique du travail, dont les racines plongent dans la Réforme qui, en mettant l'accent sur la responsabilité individuelle, explique qu'une majorité de Suisses refusent, au début des années soixante, de diminuer les 44 heures de travail hebdomadaires. La prospérité économique achève de cimenter cet édifice qui contribue à ancrer l'idée d'une Suisse « exceptionnelle », même sous l'angle des rapports sociaux.

Cette clef de voûte de l'homogénéité du pays est en train de disparaître. Le capitalisme social, redistributeur de richesses à l'intérieur des frontières helvétiques, et qui, lors des contractions du marché, exporte le chômage en diminuant le nombre de travailleurs immigrés, est aujourd'hui à l'agonie. Sous l'emprise de la philosophie néo-libérale et de la déréglementation, les patrons des multinationales helvétiques ne respectent plus un jeu dont ils estiment que les règles sont désormais trop contraignantes. Au ministre de l'Économie, Jean-Pascal Delamuraz, qui, en 1997, en avait appelé « au sens des responsabilités sociales » des grandes entreprises, le directeur du directoire général du Crédit Suisse, Lukas Mühlemann, rétorque : « Notre responsabilité sociale, c'est de maximiser nos profits[2]. » Autrement dit, d'annoncer la suppression de 3 500 emplois.

La part de l'économie suisse la plus globalisée, flexible, mondialisée, se désintéresse de sa base nationale pour s'exporter ailleurs. Or elle représente un tiers du Produit intérieur brut helvétique et constitue son secteur le plus rentable. Ces entreprises ont été l'un des fondements du « miracle helvétique » : développées sur une terre dépourvue de matières premières, sans accès à la mer, elles ont réussi, grâce à leur acharnement au travail, à obtenir un rayonnement international, tout en appliquant les règles du capitalisme social sur leur marché intérieur. Dans un pays empreint de valeurs morales, où le salut de l'homme s'obtient par une éthique du travail et de la responsabilité individuelle, elles ont été l'une des clefs de voûte de la stabilité. Contribuant pendant des décennies à la richesse du pays, elles ont joué un rôle de pointe dans la formation de générations de chercheurs en chimie, en médecine, dans l'industrie agroalimentaire, dans le développement d'outils financiers, et ont constitué l'un des principaux piliers de la stabilité politique et économique du système suisse. Elles ont payé pendant des années les salaires des employés qui effectuaient leurs entraînements à l'armée et autorisé les longues absences de ceux qui, parmi leur personnel, étaient officiers supérieurs. Il n'était pas rare que presque tous les membres de la direction de telle ou telle grande banque soient majors ou colonels. Un investissement, il est vrai, souvent productif : cette adéquation entre l'élite économique et la hiérarchie militaire avait contribué à faire coïncider leurs intérêts respectifs, au point d'helvétiser la formule américaine : « Ce qui est bon pour les banques est bon pour la Suisse. »

Aujourd'hui, ces puissantes multinationales de l'agroalimentaire, de l'industrie pharmaceutique, de la finance, des machines, etc., sont en train de se dissocier de l'économie de proximité, généralement peu performante car protégée, jusque récemment, par des cartels légaux. Ce protectionnisme était parfois justifié par les arguments les plus insolites. Ainsi, un raisonnement tortueux expliquait que le prix majoré des cigarettes servait à défendre la démocratie car, en multipliant les kiosques à tabac, on incitait à l'achat de journaux, contribuant ainsi à promouvoir la liberté d'expression, l'un des fondements de la démocratie.

Aujourd'hui, Swissair fait sa comptabilité à Bombay et la maintenance de ses avions à Dublin. Nestlé, dirigé par un Autrichien qui vient lui-même de succéder à un Allemand, réalise 98 pour cent de son chiffre d'affaires hors de la Suisse. Les multinationales helvétiques ont anticipé le virage de la globalisation. Cela ne découlait pas d'un acte visionnaire, mais d'une réalité pratique : coûts salariaux jugés trop élevés en Suisse, exiguïté du marché intérieur, réservoir de main-d'œuvre trop étroit, réglementation jugée tatillonne, lenteur du processus de décision politique, avantages fiscaux obtenus ailleurs... Pour des entreprises qui ont la planète pour terrain de jeu, le marché local a perdu de son importance. Un management traditionnellement multiculturel a facilité cette internationalisation, notamment avec l'anglais devenu aujourd'hui la principale langue professionnelle au sein de ces entreprises suisses (excepté dans l'industrie des machines). C'est une rupture considérable, car ces multinationales ne s'estiment plus tenues par le contrat implicite qui les liait à leur lieu d'origine.

Dans ce cadre économique, la mythologie helvétique ne survit qu'à l'état de *kitsch*. Fait anecdotique, mais hautement révélateur, l'ethnologue Bernard Crettaz a été invité par une grande banque à parler du « retour du chaos », alors qu'une grande vague de licenciements était en préparation. Le lieu du séminaire ? Un chalet d'alpage décoré par une vache de bois, des représentations de Jésus, Socrate, Bouddha et une formule de ce dernier : « Tout change, rien ne périt. » Deux cent cinquante cadres avaient dormi la nuit précédente dans des tentes militaires, reprenant au matin, avec le chœur des armaillis de Gruyère, l'hymne folklorique du « ranz des vaches ». Bernard Crettaz raconte : « C'était un bricolage mythologique. Un retour aux racines, au pays profond, au moment où les effets de la globalisation n'avaient jamais été aussi intenses. On disait en substance aux gens : on vous fout à la porte, mais ce n'est pas grave, car il nous reste le sol sacré de la patrie pour vous accueillir et vous ressourcer[3]. »

Les indicateurs sont irréfutables : les multinationales sont en train de rompre leurs relations osmotiques avec la Suisse. Et c'est à l'étranger qu'elles ont créé ces dernières années des dizaines de milliers d'emplois. Renversement symbolique, ce sont les patrons — et non les pacifistes — qui sont devenus la force aujourd'hui capable de réduire l'armée suisse. Trop cher. Trop de temps perdu. Les anciennes règles du jeu volent en éclats. Bye-bye l'armée de milice à l'ancienne. Adieu le capitalisme social. On se met à licencier dans les entreprises les plus prospères du monde. Pour le premier semestre 1997, les bénéfices affichés par l'Union de banques suisses (UBS), la Société de banque suisse (SBS) et le Crédit Suisse se montent à 4,1 milliards de francs suisses. Mais ce résultat mirifique n'a ralenti en rien la fusion envisagée entre la SBS et l'UBS, avec à la clef 13 000 suppressions de postes annoncées. En 1996, le bénéfice net d'impôts des firmes pharmaceutiques Sandoz et Ciba s'élevait à 2,4 milliards de francs (il aurait été de 4,2 milliards sans la fusion). Leur fusion dans Novartis s'est soldée par la suppression de 3 500 emplois.

Le mouvement est général. Des petites entreprises incapables de résister à la concurrence font faillite, alors que des sociétés très performantes réduisent leurs activités en Suisse ou se délocalisent. Pour « sauver la face », ces multinationales financent, l'une un musée, l'autre un théâtre, créent une fondation, et maintiennent leurs assemblées générales sur le sol helvétique. « Le risque, note le professeur d'économie Stéphane Garelli, c'est de faire de la Suisse une île des Caraïbes en Europe, un holding, une boîte aux lettres vidée de toute substance[4]. » Les chiffres sont là : entre 1991 et 1995, la Suisse a perdu au moins 222 000 postes de travail. Entre 1990 et 1997, le nombre de personnes dépendant de l'aide sociale est passé de 130 000 à plus de 300 000. Le chômage, quasi inexistant il y a moins de dix ans, atteint 10 % dans certaines villes. Cependant le Parlement suisse a refusé à deux reprises la charte sociale européenne jugée, trop exigeante. En attendant, les écarts de richesse se creusent : la part des 20 % les plus riches de la population est passée, entre 1970 et 1990, de 70 % à 82,7 % ; 2 % de la population détient 42 % de la fortune totale même si, parmi eux, certains ne paient aucun impôt, comme l'ex-présidente de la Confédération et son époux, Elisabeth et Hans Kopp. Dépité, Jean-Pascal Delamuraz, dans son dernier grand discours en tant que ministre de l'Économie publique, lançait : « C'est aux décideurs privés de ne pas se comporter en comptables, mais d'inclure également dans leurs réflexions des notions humaines, des notions éthiques, des notions sociales et encore des notions régionales ; qu'il soit dit que, jamais, la responsabilité du décideur privé ne s'arrête à la porte de son bureau ou au portail de son usine. » Mais un tel discours ne passe plus aujourd'hui.

Le slogan sur la banderole sonne comme un coup de poing : « United Bank of Switzerland, Une Belle Saloperie ». Lors de cette veille de Noël 1997, le langage est dur, mais les manifestants ne sont qu'une centaine à répondre à l'appel des syndicats genevois (45 000 adhérents) pour protester contre la « sauvagerie économique » et la suppression des 13 000 emplois, dont 7 000 en Suisse, conséquence de la fusion entre l'Union de banques suisses (UBS) et la Société de banque suisse (SBS). C'est la fin d'une époque.

En dépit des masques noir et blanc mis à leur disposition pour dissimuler leur visage, les employés de banque ne se sont pas déplacés, excepté deux représentants syndicaux. L'un d'eux, Gérard Cuttat, vingt-sept ans, conseiller en placement pour la clientèle institutionnelle à l'UBS, explique : « Les employés de banque ont la peur au ventre. Le masque que je porte symbolise cette peur. Peur de manifester. Peur d'être licencié. Nous savons que l'opinion publique sympathise avec nous mais, en descendant dans la rue, chacun craint des représailles. » Place de la Monnaie, des employés de banque observent la manifestation. Deux d'entre eux hésitent à la rejoindre et renoncent finalement en remarquant que « leur chef les regarde ». De fait, les banques ont menacé de supprimer les bonus de ceux qui oseraient briser la « loi du silence ». Aux informations télévisées, on a l'impression que l'on interroge des dissidents poursuivis par une police stalinienne : sur une trentaine d'employés, seuls deux vont accepter de parler — pour confier leur amertume — mais ils le font... visages cryptés.

Cette poignée de manifestants a quelque chose de dérisoire face au géant financier qu'est la United Bank of

Switzerland en voie de constitution : avec plus de 1 300 milliards de francs d'actifs, elle supplante toutes ses rivales américaines, japonaises, européennes. Première banque au monde pour la gestion de fortune, la nouvelle UBS est aussi le numéro deux en termes de bilan. A l'annonce des milliers de suppressions d'emplois en Suisse, les 38 000 employés de l'UBS et de la SBS sont — depuis le lundi 8 décembre — médusés. Mais dans cette armée d'hommes et de femmes qui gèrent le patrimoine d'une partie de l'humanité, c'est le silence absolu : les directions des banques leur ont imposé de faire le black-out sur leurs états d'âme.

La population suisse, qui n'avait que difficilement digéré le coût social de la fusion entre les grandes sociétés chimiques Sandoz et Ciba, est complètement désorientée. L'opinion est choquée de voir les banques suisses licencier, alors qu'elles engrangent des profits tellement faramineux qu'ils en deviennent abstraits. Ce qui n'empêche pas la future United Bank of Switzerland de faire des coupes claires tout particulièrement dans le service à la petite clientèle en Suisse, qui représente en quelque sorte le « cœur » de son identité. Globalisation oblige : la nouvelle race de banquiers ne fait pas dans le sentiment.

Les banques, plus encore que les géants de la chimie, étaient traditionnellement un motif de fierté du « label suisse », symbolisé sur tous les produits par la fameuse arbalète de Guillaume Tell. Elles avaient les qualités mêmes que l'on prête aux citoyens helvétiques : Efficacité, Discrétion, Probité. Du moins jusqu'à l'affaire des fonds en déshérence. Naguère, le coût social de leur dynamisme ne se faisait guère sentir à l'intérieur des frontières : Nestlé conservait une dernière fabrique de chocolat en Suisse même si, au vu des résultats économiques, un audit interne préconisait la fermeture. Ce temps paraît désormais révolu.

Sentant l'inquiétude de la population, le Parti radical, proche des banques et des milieux d'affaires, est mal à l'aise et divisé sur la conduite à tenir. Franz Steinegger, son président, lance un avertissement : « En économie libérale, nous avons besoin d'une certaine moralité. Sinon, il faudra multiplier les lois pour éviter les abus. » Personne ne s'y trompe. C'est là un aveu d'impuissance. La politique est dépassée par la logique économique, et le capitalisme social, qui redistribuait les fruits de la prospérité et participait ainsi à la cohésion nationale, prend l'eau de toutes parts. Au point qu'un parlementaire radical a traité de « salaud » Martin Ebner, un financier zurichois qui a déménagé le siège de sa banque vers un autre canton pour payer moins d'impôts (200 millions). Ces insultes, inconnues jusqu'ici dans le langage policé des députés suisses, témoignent du désarroi des politiques qui, faute d'avoir prise sur le réel, se raccrochent à la morale comme à une bouée de sauvetage. Cela ne change rien au constat : l'économie la plus « performante » a rompu avec son terreau initial. Elle s'est émancipée de son berceau et des liens politiques si étroits qu'elle entretenait avec la société suisse, même si cette rupture n'a pas encore été « intégrée » par le corps social.

Dans cette atmosphère de déréliction, et pour secouer une population en état de choc, le conseiller fédéral Moritz Leuenberger en appelle à l'esprit de résistance contre les diktats de l'économie : « Les gens ne doivent pas accepter tout ce qui leur arrive comme venant de Dieu. Les licenciements sont également une conséquence du climat météorologie économique, qui, dans une certaine mesure, dépend de nous. »

Dans le secteur public, Postes et Chemins de fer fédéraux en tête, un plan prévoyant la suppression de 5 000 emplois a été mis en œuvre. Devant cet effondrement de repères, ce n'est pas seulement l'image paradisiaque d'une Suisse, îlot de prospérité et de stabilité, qui s'ébrèche, c'est l'essence même de la cohésion nationale qui est mise à mal, comme si le carburant idéologique sur lequel reposaient la paix sociale et la volonté politique venait à manquer. Le gouvernement n'a été prévenu de la fusion entre les deux grandes banques que la veille de la signature. « Et encore, paraît-il, par courtoisie », fulmine un ministre. Rejeté par une partie du patronat, le système de paix du travail, règle d'or pendant plus d'un demi-siècle des relations entre employeurs et employés, est au bord de la rupture. Le contrat de confiance entre partenaires sociaux est dans le même état. Quant au gouvernement, totalement dépassé, il n'a aucun message à faire passer. L'économie privée a même hésité à envoyer l'un des siens se présenter à la succession de Jean-Pascal Delamuraz, comme si l'exécutif n'était plus qu'un conseil d'administration.

Envers positif de cet effondrement du système suisse : l'abandon par les plus grandes entreprises de leurs responsabilités sociales représente une occasion pour les nouvelles générations de réinvestir les champs politique et social, de redéfinir les termes d'un nouveau contrat social. Quitte à réapprendre une culture du conflit qui remplacerait celle de la soumission à un ordre que l'on donnait pour immuable.

2

La déconnexion entre le politique et la société civile

A la déconnexion entre l'économie et la société civile, répond celle, tout aussi inquiétante, entre cette société et le pouvoir politique. La montée des thèses populistes en est l'indicateur le plus frappant. En 1995, près d'un électeur sur deux refuse de voter en faveur d'une loi antiraciste, alors que tous les grands partis, de gauche comme de droite, le pressent de le faire. Le contrat de confiance entre gouvernants et gouvernés est rompu, comme en est la preuve, depuis des décennies, l'abstentionnisme massif.

Le gouvernail de l'esquif gouvernemental n'agit plus dans l'aquarium de la société suisse ! La volonté politique fait aujourd'hui défaut pour affronter la crise de modernité du pays. Pourquoi ? La réponse est double : le système politique connaît à la fois une crise institutionnelle et une crise des valeurs. A sa manière imagée, Daniel Cohn-Bendit, l'ancien leader de mai 68 qui anime une émission littéraire sur la chaîne alémanique, le dit : « Le vrai problème de la Suisse, c'est que toutes les décisions sont enrobées de chocolat qui colle tout[5]. »

Des institutions archaïques

Même s'il possède encore quelques indéniables qualités, le système politique suisse, novateur à sa création, est devenu inadapté et archaïque. Les Constituants de 1848 avaient imaginé un système dont le but essentiel était de diminuer les risques de conflit pour un pays qui sortait d'un début de guerre civile. Ils avaient su inventer un système de partage de pouvoir qui laissait leur place aux minorités, mais ils s'en sont tenus à la neutralité pour éviter tout risque d'éclatement du pays. Au sein de cette architecture, ils ont ajouté les instruments de démocratie directe — le référendum en 1874, puis l'initiative populaire de 1891. Mais ils ont surtout voulu museler et contrôler le pouvoir politique. Au nom de l'égalitarisme, il n'y a jamais eu de médaille ni de décoration, et ils ont aussi décidé qu'il n'y aurait ni chef d'État ni Premier ministre, mais un collège de sept personnes, tous collectivement responsables — un ambassadeur étranger ne s'accrédite pas auprès du chef de l'État, mais auprès du Conseil fédéral —, chaque conseiller fédéral devenant à son tour président de la Confédération, ce qui ne lui octroie cependant aucun pouvoir supplémentaire. Pour les mêmes raisons, les Constituants n'ont pas voulu qu'il y ait des généraux, sauf en temps de guerre et le chef de l'armée, élu par le Parlement, est responsable devant lui.

Transposé à la fin du XXe siècle, ce système est proche de la paralysie. Sans illusions, l'actuel ministre des Transports, Moritz Leuenberger, dresse l'état des lieux : « Le gouvernement ne peut pas sortir du cadre de la formule magique un gouvernement d'union nationale à cause de la démocratie directe. Et comme l'on ne peut pas changer la démocratie directe, je suis obligé, en tant que ministre, de ne pas choisir la solution intellectuellement la plus performante ou la meilleure, mais celle qui sera acceptée par la majorité des Suisses, en cas de vote populaire. » Le ministre en tire un constat peu amène sur lui-même et sur ses collègues : « Nous, les conseillers fédéraux, sommes condamnés à ne pas être des individus brillants, mais des hommes moyens, voire médiocres. C'est la nature du système qui veut cela. Lorsque des députés français ou allemands participent à nos commissions parlementaires, ils croient halluciner : toutes les deux phrases, quelqu'un dit : "Jamais le peuple n'acceptera", "Jamais le peuple ne comprendra". Eux sont élus pour quatre ou cinq ans. Ils font leur travail selon leurs conceptions, et soit ils sont réélus, soit ils partent. Ici, ce n'est pas comme ça[6]. »

A l'évidence, ce système ne répond plus aux besoins. Ses derniers défenseurs lui trouvent cependant le mérite de prévenir toute fracture sociale et politique. « C'est un système postmoderne. La démocratie directe et le fédéralisme permettent de lutter contre l'exclusion. Ils favorisent l'intégration politique. Quand les gens sont déconnectés, ils deviennent méchants. Il ne faut pas les abandonner au bord de la route. Dans les autres pays, la correction intervient après coup : les gens descendent dans la rue et le gouvernement change de politique. Ici, la concertation intervient en amont de la prise de décision », défendent quelques irréductibles.

L'argumentation n'est pas fausse, mais elle ne tient compte ni du fait que la volonté politique s'est enlisée dans ce processus même de consultation et de tractation, ni de ce que ce sont les groupes de pression les plus puissants qui disposent des moyens de lancer des campagnes référendaires. De plus, quelles qu'en soient les raisons, les membres du gouvernement n'arrivent plus à garder la tête hors de l'eau. La Suisse a le plus petit gouvernement de la planète. La tâche d'un ministre de l'Économie correspond à celle de cinq de ses collègues français ou allemands. En outre, il doit se préoccuper activement des dossiers de ses collègues, puisque, théoriquement, sa tâche n'est pas seulement de gérer son ministère, mais aussi de participer à la gestion collégiale. A cela s'ajoute l'internationalisation des dossiers qui accroît encore la complexité du travail, alors que les ministres ont un cabinet réduit à un ou deux conseillers personnels. Lors du référendum du 12 juin 1996, une majorité populaire a refusé que le travail des conseillers fédéraux soit allégé par des secrétaires d'État. Un haut fonctionnaire dénonce l'absurdité du système : « Comment voulez-vous que les sept conseillers fédéraux soient au courant de leurs dossiers et de ceux de leurs collègues ? Comment voulez-vous qu'un ministre de l'Économie fasse le travail de plusieurs ministres de n'importe quel pays européen ? Comment voulez-vous que le gouvernement s'en sorte, alors que figurent dans l'ordre du jour d'une séance hebdomadaire entre 70 et 140 points qui ne sont même pas hiérarchisés ? Judicieux au siècle passé, ce système est devenu fou aujourd'hui. »

Résultat : on assiste généralement à une neutralisation des discussions, voire à une balkanisation du pouvoir. Le député Gilles Petitpierre relève que « les accords au sein du gouvernement doivent beaucoup à l'acceptation plus ou moins résignée, tournante et réciproque, par chacun, des propositions de ses collègues : un consensus par abandon en quelque sorte, à charge de revanche[7] ». La nomination à la haute fonction publique selon des appartenances partisanes est un exemple parfait de cette politique de « renvoi d'ascenseur » que les conseillers fédéraux surnomment « pacte de non-agression » et qui s'apparente à la stratégie de la « destruction mutuelle assurée » (plus connue sous le nom anglais de *Mad, Mutual Assured Destruction*) de la guerre froide. En substance, ne torpille pas mon choix dans la nomination de ce fonctionnaire, sinon je « nucléarise » ton prochain candidat...

Mais ce n'est pas encore le pire des scénarios. Faute de hiérarchie ou d'accord au sein du gouvernement, celui-ci est simplement paralysé. « Le Conseil fédéral, ce bateau où il y a sept capitaines », constate le conseiller fédéral Jean-Pascal Delamuraz. Après l'échec de l'Espace économique européen (EEE), le gouvernement avait décidé de ne plus prendre de décisions importantes à quatre contre trois. Si cette équation politique ne se modifie pas, comme c'est le cas pour le plus important dossier de politique étrangère, et pour ainsi dire le seul, l'Europe, il ne se passe plus rien...

Le suicide politique est une autre variante. Le gouvernement, trop divisé pour présenter un front uni lors d'un référendum et incapable de tenir un message homogène et cohérent, se fait « ramasser » par un discours populiste. La ministre Ruth Dreifuss constate : « Parfois, j'ai l'impression d'être dans un film de Buñuel. J'y retrouve la même absurdité que dans *Le Charme discret de la bourgeoisie*. Face à la question européenne et aux fonds en déshérence, le gouvernement est resté longtemps muet. A force de prudence et d'attentisme, il laisse la place au populisme d'un Blocher. Un gouvernement devrait oser affirmer une politique, et ne pas se laisser bloquer par des questions de tempéraments, des méfiances[8]... »

Les sept ministres appartiennent à quatre partis politiques différents, qui vont de la gauche socialiste à la droite nationaliste (l'Union démocratique du centre, UDC). Le Parlement élit systématiquement, selon la « formule magique » de 1947, deux radicaux, deux socialistes, deux démocrates-chrétiens et un représentant de l'UDC. Pour complexifier encore la nature du système gouvernemental, le choix d'un ministre dépend d'une série de variables qui s'ajoutent à son appartenance politique : il (ou elle) est choisi en fonction de sa langue, de son canton d'origine, et, jusque récemment, de sa religion (majorité de protestants), parfois même de son sexe... Mais une fois élus, les conseillers fédéraux sont reconduits année après année et restent au pouvoir aussi longtemps qu'ils en ont envie. Théoriquement, le Parlement peut ne pas les réélire. En pratique, cela ne s'est produit qu'à deux reprises depuis 1848. L'essayiste Adolf Muschg déplore : « Nous sommes le seul pays démocratique où, à moins d'une crise cardiaque foudroyante qui les emporte, les ministres sont indéboulonnables quoi qu'ils fassent. Ils sont en fait irresponsables, puisqu'ils ne répondent pas de leurs actes[9]. »

De fait, il n'existe aucune sanction et le système est difficilement réformable. Ruth Dreifuss constate : « Le système suisse est fait pour obtenir une stabilité maximale et pour protéger les minorités. Le souci de la cohésion nationale empêche les décisions brutales et peut aller jusqu'au blocage. Or, il n'y a aucun mécanisme qui permette de surmonter rapidement un réel conflit; aucun pouvoir ne serait en mesure de le trancher. Le Parlement ne peut renvoyer le gouvernement. Le gouvernement ne peut dissoudre le Parlement. La Chambre basse n'a pas plus de pouvoir que la Chambre haute, et le Tribunal fédéral ne peut s'opposer à une loi qu'il juge anticonstitutionnelle. Dans les autres pays, il existe toujours des mécanismes qui permettent de sortir de l'impasse. Ici, il faut attendre une crise pour que le gouvernement bloqué puisse sortir de sa paralysie. Ce système suppose que tous les rouages participent à la solution. Cela implique une formidable bonne volonté générale, dont je ne suis pas sûre qu'elle existe actuellement[10]. »

De surcroît, sur cette paralysie inscrite au cœur même des institutions vient se greffer le « principe du champignon » théorisé par le député radical François Loeb. « Le principe du champignon » tient en peu de mots : « Couper toutes les têtes qui dépassent. » En fait, la méritocratie est souvent perçue comme un système nocif. Georges-André Chevallaz ne s'en offusque pas. Tout au contraire : « Il vaut mieux, affirme-t-il, des gens qui ne soient pas des aigles, mais qui soient des gens de consensus, car ils font mieux l'affaire que ceux qui ont un génie propre. » Il fait ainsi part de son expérience : « C'est plutôt sur un coup de dés que cela se joue, entre les équilibres cantonaux, politiques, religieux. Quand je nommais des colonels divisionnaires, je faisais attention de maintenir l'équilibre confessionnel[11]. »

Méfiance envers les hommes, méfiance envers les idéologies, méfiance envers les idées abstraites... Georges-André Chevallaz, alors qu'il était au gouvernement, redoutait l'un de ses collègues, Kurt Furgler, « trop idéologue » : « Il s'était mis en tête de réviser la Constitution. Cela bousculait trop de choses. De surcroît, ce démocrate-chrétien voulait supprimer l'article 1er de la Constitution qui commence par “Au nom de Dieu tout-puissant”. Nous aurions eu une moitié du pays favorable, et l'autre qui nous aurait accusé d'escamoter Dieu. Il a finalement renoncé »[12]. Trente ans plus tard, la Constitution n'est toujours pas révisée et le système politique est plus que jamais grippé.

Mais le gouvernement atteint sa vertigineuse absurdité dans son absence de programme politique. Selon un ministre, « il est impossible qu'il y en ait un, puisqu'il n'y a pas de fondement commun entre l'UDC et le PS ». Ce qui est vrai. Mais, comme le souligne un ambassadeur, « comment alors décider d'une politique qui ne soit pas molle, un compromis forcé entre des visions divergentes ? » En attendant, ces ministres sont bien obligés de gouverner ensemble. Lors de la séance du mercredi, pour imposer son point de vue, le « jeu » consiste à trouver des partenaires pour former une majorité à géométrie variable d'au moins quatre conseillers fédéraux. Toutes les combinaisons sont possibles : l'axe latin et latinophile contre la Suisse alémanique, l'axe urbain (radical, droite libérale -et socialiste) contre les campagnes (démocrate-chrétien et UDC), l'axe social (socialiste et démocrate-chrétien) contre les autres, sans parler des alliances tactiques, des affinités de tempéraments, etc. En fait, le système est encore plus complexe que cela, car il se joue simultanément à plusieurs échelons. Peter Bodenmann, longtemps patron du Parti socialiste, en est sûrement l'un des meilleurs et des plus cyniques « utilisateurs » : « Il faut prendre problème par problème. Qui, au sein de la société, partage le même intérêt que nous ? Puis, avec qui nous faut-il négocier ? Qu'est-ce que je te donne et qu'est-ce que tu me donnes ? C'est un jeu compliqué parce que, sur certains points — comme une taxe sur l'énergie —, on peut s'entendre avec des paysans réactionnaires qui espèrent écouler leur bois [...] Après avoir localisé tous ces paramètres, il faut ensuite déterminer quel est le terrain de négociation le plus propice pour conclure cette alliance. Au gouvernement, au Parlement, dans une commission ? Il y a beaucoup de niveaux, beaucoup de variables, beaucoup de pôles de décision. Le plus rapide et le plus intelligent ramasse la mise [13]. »

Ce système porte le beau nom de « consensus », mais c'est une situation inextricable qui fait ressembler le gouvernement et toute la classe politique suisse à un souk permanent. « Des palabres sous le cocotier », a résumé un ministre, c'est-à-dire un marchandage et une négociation ininterrompus, avec des donnant-donnant, sans que le malheureux citoyen ne puisse déceler de cohérence d'ensemble. Et pour cause ! Le chef de file des populistes, Christoph Blocher, met ainsi le doigt sur les défauts du système dont il profite finalement : « Mon parti, l'Union démocratique du centre, veut baisser les impôts. Les socialistes veulent les augmenter. En pratique, qu'est-ce qui se passe ? Rien. Comme toujours. En tant que libéral, je suis satisfait. En ne faisant rien, le gouvernement, au moins, ne fait pas de bêtises [14] ! »

A juste titre, Cohn-Bendit relève : « En France, il y a une théâtralisation du conflit, alors que les zones de consensus sont importantes. En Suisse, il y a une théâtralisation du consensus, alors que la réalité politique, sociale, économique n'est pas aussi lisse qu'elle se donne à voir[15]. » De fait, la mathématique politique est élémentaire : la gauche, avec deux socialistes, est en minorité permanente. Et elle n'a pas d'alternative, puisqu'en tout état de cause, le PS ne pourra jamais obtenir en Suisse 51 pour cent des suffrages des électeurs. Alors, le gouvernement mène une politique essentiellement conservatrice, mais offre quelques contreparties « progressistes » : ainsi, en matière de politique de drogues, la Confédération helvétique autorise les distributions médicalisées d'héroïne et possède l'un des premiers et des plus ambitieux programmes de méthadone...

Mais la logique de base de ce système demeure : tous les grands partis participent au gouvernement. Autrement dit, s'ils sont tous dans le pouvoir, ils sont aussi tous... dans l'opposition. Un pied dedans, un pied dehors. Une schizophrénie qui ferait le bonheur de n'importe quel psychiatre. Le communiste Joseph Zisyadis, responsable du département vaudois de justice et police jusqu'au printemps 1998, connaissait bien cette situation. Il était membre d'un exécutif cantonal qui décidait d'une politique d'austérité, mais se retrouvait lui-même dans la rue avec les fonctionnaires pour la contester. « J'avais trois facettes : le militant, le conseiller d'État (le « ministre » cantonal) et le chef d'un département que je n'avais pas voulu. J'assumais pleinement les contradictions entre mes différents rôles. Lorsque je devais aviser mes fonctionnaires d'une baisse des salaires, je leur envoyais la lettre du Conseil d'État, mais j'ajoutais une lettre de mon cru, expliquant que je m'étais battu contre cette politique d'austérité. Je ne faisais pas une politique d'obstruction systématique aux décisions du gouvernement. Simplement, je ne respectais pas le principe de la confidentialité, car j'estimais qu'ayant été élu par le peuple, je tirais ma légitimité de lui et qu'il avait donc le droit de connaître les choix politiques que j'avais faits[16]. » Le « dé-triplement » de Joseph Zisyadis, s'il est particulièrement visible dans son parcours, ne tient aucunement à lui mais à une logique de système qui finit par rendre confus et incohérents les choix politiques, au point que les citoyens désertent les urnes, estimant que, quel que soit le candidat élu, jamais rien ne changera.

Pour corser le tout, les députés du Parlement ignorent largement les disciplines de vote. Quant aux électeurs, au gré des référendums, ils infirment ou confirment les lois selon leur humeur, achevant de faire perdre toute cohérence idéologique à l'action gouvernementale. Comment le citoyen peut-il encore s'y retrouver, alors que, comme le note Gilles Petitpierre, « la démocratie référendaire contribue à réduire la pertinence de doctrines que les citoyens ont toute liberté, de vote en vote, de changer, sans avoir de compte à rendre à quiconque[17] »? En attendant, les ministres peuvent être désavoués par une majorité populaire sur des questions fondamentales de destinée politique — sur la question européenne, par exemple — sans que cela ne remette en question, fût-ce millimétriquement, leur position au sein du gouvernement. Système de totale irresponsabilité : le peuple peut être irresponsable, le Parlement peut l'être aussi, et le gouvernement tout autant, sans qu'il y ait le moindre correctif apporté par l'un ou l'autre pouvoir. Enfin, fait sans doute unique dans une démocratie, la plus haute instance juridique du pays, le Tribunal fédéral, ne peut se prononcer sur la constitutionnalité des lois.

Conséquence immédiate : puisque toute loi ou tout projet de loi peut être contesté par les instruments de la démocratie référendaire, le gouvernement va anticiper une réaction négative de certains groupes d'intérêts et réduire ses objectifs. Tout cela fait le lit d'une situation où les choix politiques se perdent, où le débat est anémié et où les enjeux de société sont obscurcis par le brouillard d'une concertation forcée et obligatoire.

Si un tel mode de gouvernement peut être adapté pour la navigation par beau temps et permet de gérer l'épineuse question des excédents d'abricots en Valais, le jour où des choix politiques majeurs doivent se faire, ce système est tout simplement incapable d'y répondre. Un seul homme, doué certes d'un talent de communicateur, est capable de pétrifier le gouvernement. C'est Christoph Blocher, dont l'avis est déjà intégré dans les décisions gouvernementales ! Ce système est difficilement réformable de l'intérieur : un grand parti qui claquerait la porte du gouvernement pourrait à tout moment brandir la menace d'une initiative populaire et achever de tout paralyser. D'autant que s'y ajoute une culture politique qui craint le conflit.

Cette peur du conflit va se nicher jusque dans l'architecture du pouvoir. En 1991, un hebdomadaire, aidé d'un spécialiste en communication, Gottlieb Guntern, faisait une « cruelle radiographie de l'architecture du pouvoir ». La salle du Conseil fédéral symbolise jusqu'à la caricature le fonctionnement du gouvernement. Depuis la fin du XIXe siècle, selon un rite quasi immuable, cette salle est le lieu où se prennent formellement toutes les décisions. Les sept ministres, le chancelier et les deux vice-chanceliers s'y retrouvent chaque mercredi. Ces trois hommes occupent au centre de la pièce un espace qui sépare radicalement les deux groupes de ministres placés à leur gauche et à leur droite, empêchant une bonne visibilité et une bonne communication entre eux. Ainsi les quatre conseillers fédéraux assis aux extrémités des deux rangées de pupitres ne peuvent pas même se voir. Étant donné la distance, il y a des chances pour qu'ils ne s'entendent pas très bien non plus. Les deux conseillers, au centre des alignements, ne se voient pas davantage : les chanceliers leur bouchent également la vue. Le président, assis dos à la fenêtre, apparaît en contre-jour et ses collègues distinguent mal l'expression de son visage... L'expert qui a examiné la salle en a tiré une seule conséquence : l'architecture intérieure viole toutes les lois de la communication.

De l'ensemble du spectre politique, des voix s'élèvent pour tirer la sonnette d'alarme devant un gouvernement tellement inadapté. Le député radical Peter Tschopp constate : « Le système est à bout. Il n'a plus la possibilité de se renouveler. Le gouvernement reste trop longtemps au pouvoir. L'oxygénation ne se fait que par la tempête venue de l'extérieur. Alors le gouvernement panique et la population se crispe. Inutile de le nier : la crise est là. Les clivages se renforcent entre les votants et les abstentionnistes désabusés. La classe politique est de plus en plus coupée de la population. Elle se comporte comme un rentier qui aurait hérité d'une vieille PME et se contenterait de la gérer à la petite semaine[18]. »

Tout cela n'est pourtant pas irrémédiable. Le plus facile et le plus urgent, et qui ne supposerait pas de changement institutionnel, consisterait à redonner une lisibilité à l'action gouvernementale. Des propositions en ce sens sont dans l'air depuis longtemps. L'exécutif devrait se doter d'un programme de gouvernement, car les citoyens sont en droit de savoir quels sont les objectifs précis du gouvernement. Mais cela suppose que le Conseil fédéral anticipe les enjeux politiques et les réponses qu'il compte y apporter, au lieu de conclure, à la dernière minute et loin de toute transparence démocratique, des alliances à géométrie variable.

Autre mesure envisagée, le gouvernement pourrait être choisi sur la base d'un programme, avec une limitation des mandats, et un président possédant de réels pouvoirs de décision pour la durée de la législature, assorti d'une véritable réélection tous les quatre ans. Voilà qui instillerait de la responsabilité dans l'action gouvernementale. En outre, la Suisse aurait besoin d'un nombre de ministres suffisant pour être à la hauteur de ses devoirs. Enfin, le référendum pourrait être constructif : il devrait proposer un choix de solutions.

Toutes ces propositions, qui n'ont rien de très original, ramèneraient pourtant vers les urnes des bataillons de Suisses désabusés ou cyniques, persuadés que rien ne changera jamais.

A ce jour, toutes les tentatives ont échoué : « Les conseillers fédéraux réagissent comme s'ils étaient assis sur un nid de guêpes », déplore Peter Tschopp. Les parlementaires ne sont guère plus décidés. La révision de la Constitution, abandonnée dans le passé, a été remise sur le métier. Mais elle ressemble à une furieuse course d'obstacles, comme si nombre de députés n'avaient pas encore compris que la Suisse doit s'adapter à un monde en mutation. En attendant, le pays en paie le prix.

3

Le Godot helvétique en panne de destin

Yverdon, la ville de l'urine, du sexe, du suçon, du vibromasseur, de l'excrément, de l'empire des sens, orné d'un gigantesque préservatif et de tours en forme de phallus. Vertigineuse évolution ! Pour l'Exposition nationale de 2001, Pipilotti Rist, une artiste proche de l'underground zurichois, a été choisie comme directrice artistique. Au grand choc des habitants de la bourgade assoupie du canton de Vaud, Pipilotti (« Fifi brin d'acier » en français) teste ses premières idées en février 1998. L'artiste s'est fait connaître par ses vidéos, où elle se filme en tenue d'Ève. Nul ne sait encore ce que sera l'Exposition 2001, mais le choix même de Pipilotti renvoie à une Suisse mise à nu, qui se retrouve — du moins à Yverdon — seule, avec ses fonctions primaires : le sexe, les excréments, saupoudrées, a-t-elle promis, de tendresse.

Cette mise à nu est l'expression la plus brutale de la crise identitaire que traverse le pays. En 1977, un écrivain âgé de trente-deux ans meurt d'un cancer quelques jours avant que son livre, *Mars*, ne soit publié. Il s'appelle Fritz Angst (la « peur »), mais signe Fritz Zorn (la « colère »). Il meurt, a-t-on l'impression, des métastases du consensus helvétique. Comme si la mort lui permettait d'accéder au tragique, et donc à la vie : « La question hamlétienne qui menaçait ma famille se présentait ainsi : être en harmonie ou ne pas être. Tout devait être harmonieux; quelque chose qui posât problème, cela ne devait pas exister car c'eût été la fin du monde. Tout devait être sans problème; ou si cela ne l'était pas, il fallait le rendre tel. Il ne devait y avoir, sur tout, qu'une opinion, car une divergence d'opinion eût été la fin de tout. [...] Nous ne pouvions pas nous disputer, j'entends par là que nous ne savions pas comment on s'y prenait pour se disputer. [...] Dès lors, nous en étions réduits à ne jamais arriver à la situation de devoir nous disputer : tout le monde était toujours du même avis [19]. »

Zorn fut l'incarnation du « malaise suisse ». Depuis, le mur des certitudes s'est écroulé, et le malaise s'est signalé par de nouveaux symptômes. Il n'est plus fait de cette violence sourde qui se retourne vers ceux qui ne partagent pas le climat baigné d'ennui d'une harmonie autosatisfaite. Il est, au contraire, dans la perte d'orientation, dans cette absence de repères, comme si l'Europe et le monde s'étaient lassés d'attendre le Godot helvétique; et que celui-ci, surpris, ne comprenne pas que l'on ne vienne pas à genoux le prier de prendre place à la table d'honneur. Projeté dans un no man's land identitaire, il se retrouve soudainement errant, en panne de destin Adolf Muschg : « La Suisse, c'est un malade hypocondriaque qui surveille tous les symptômes de son corps, en attendant une maladie mortelle. C'est un pays qui a peur de lui-même. Les Suisses se comportent comme s'ils voulaient chasser leur ombre. Ils n'ont pas compris qu'elle les suit partout. Il faut l'accepter comme un phénomène naturel : où il y a de la lumière, il y a une ombre[20]. »

Paradoxalement, ce vide même, chargé de désarroi, est enfin sa chance. En effet, libérée du fardeau de l'idéal du mythe et du poids d'un consensus étouffant, la société suisse peut se réapproprier son histoire, ses contradictions, sa violence, ses zones d'ombre et de lumière, et réintégrer enfin l'échelle humaine.

Il reste cependant une difficulté majeure : comment mettre à mort le hérisson qui a si bien servi ? Cet animal particulièrement résistant a laissé sa marque sur les mentalités collectives. Et les autorités n'osent signer son arrêt de mort : en 1989, la Suisse officielle célèbre encore les vertus du réduit national lors de l'opération « Diamant » et la commémoration des sept cents ans de la Confédération, en 1991, est marquée du sceau de l'ambiguïté. Elle montre jusqu'à la caricature la volonté de célébrer la mythologie helvétique et de la dépasser, d'envoyer un message de continuité et d'ouverture, donnant du gouvernement l'image d'un jongleur lançant des assiettes sans s'apercevoir qu'elles sont toutes brisées.

Cette troisième voie en forme d'impasse est celle choisie par le gouvernement suisse pour conduire son peuple. En arrivant péniblement, en son sein, à un compromis chargé d'ambiguïtés, il envoie des signaux contradictoires à son opinion publique et donne des verges pour se faire fouetter. Pour s'apercevoir que la facture à l'arrivée est plus salée qu'il ne l'avait prévu. C'est un effet boomerang auquel il devrait pourtant être habitué. Les commémorations liées aux sept cents ans de la Confédération ont représenté un cas d'école particulièrement révélateur, car les enjeux qu'elles ont soulevés et le système de fuite qu'elles ont mis en place, tout cela autour du thème de l'« utopie », demeurent aujourd'hui encore au cœur des difficultés de la société suisse.

En 1991, le scandale Kopp et l'affaire des fiches ont choqué une partie des citoyens, d'ordinaire plus amènes envers les autorités. L'armée de milice a été rejetée par plus d'un tiers du corps électoral et par une majorité de jeunes. *Last but not least*, des échéances capitales attendent le pays : la Suisse doit voter en 1992 sur son processus d'intégration dans l'Union européenne. Le gouvernement est à l'image du pays, divisé, cherchant un consensus. C'est cette recherche effrénée du consensus qui va faire éclater le « 700e ».

Avec les sept cents ans de la Confédération, la Suisse officielle croit pouvoir concilier deux attitudes fondamentalement antagonistes, et pense en réussir la synthèse. Mais, sans s'en rendre compte, elle ouvre la décennie de la catharsis. L'idée initiale était de célébrer le pays là où il s'était créé, c'est-à-dire dans les cantons « primitifs » de la Suisse centrale. C'est rapidement l'échec. L'hiatus est trop grand entre les projets « intellectuels » des concepteurs de l'Exposition nationale et les sentiments d'une population, dont l'indépendance farouche, nourrie du mythe de Guillaume Tell, n'a rien d'imaginaire. Sanction des urnes : les cantons primitifs refusent de voter les budgets de l'Exposition nationale du 700e.

Le Conseil fédéral envisage même d'abandonner les célébrations. Il se donne finalement une dernière chance, en confiant un nouveau projet à Marco Solari, directeur de l'office de tourisme tessinois. Avec un impératif : défense absolue de construire un bâtiment, après le refus du budget initial en Suisse centrale. Un premier crédit de 65 millions de francs est voté par le Parlement. Marco

Solari cherche des idées. Il consulte Duggelin, un metteur en scène suisse alémanique alors établi à Paris, et responsable de l'antenne de la fondation culturelle Pro Helvetia. En arpentant le pavé parisien, ils trouvent le concept : l'utopie, et secondairement l'Europe et les sept cents ans. Solari peaufine son message, auquel se rallie le gouvernement : « Soyons fiers de notre passé multiséculaire, soyons fiers de notre présent et regardons vers l'avenir, vers l'Europe. » Cependant, ni Solari ni le gouvernement ne comprennent la contradiction que ce message porte en lui. La célébration de la Suisse, telle que le mythe l'a reconstituée et la mémoire publique l'a organisée, est une célébration de l'« exception suisse », de l'*Alleingang*, du « chemin solitaire » parmi les nations. Vouloir regarder en même temps vers l'Europe, c'est croire que l'on peut créer un imaginaire d'ouverture sur un socle mythique qui cultive le culte d'une méfiance face au monde. Rétrospectivement, Marco Solari l'admet : « Je me suis lancé dans un exercice d'équilibrisme, sans le réaliser alors. [...] Pratiquement, il était impossible de célebrer des mythes et de regarder en direction de la construction européenne. Dire simultanément les deux, c'était tuer le message[21]. »

Le double message de Marco Solari renvoie aux divisions qui minent le gouvernement. *To be or not to be in Europe?* Les divisions sur l'avenir de la Suisse renvoient aux déchirements du passé. Faut-il privilégier la Suisse de 1291 avec sa connotation « organiciste » réunie autour de l'image d'un *Volk*? Ou la Suisse radicale de 1848, influencée par les révolutions américaine et française, enrichie de sa multiculturalité apportée par les cantons francophones et italophone?

Cent ans plus tôt, les radicaux protestants urbains et « modernistes » avaient, après une intense polémique, accepté à contrecœur l'idée de fêter les six cents ans de la Confédération. Ils satisfaisaient ainsi aux exigences des catholiques-conservateurs. Au nom de l'unité nationale. Les radicaux auraient préféré fêter 1848, symbole d'une Suisse moderne, et non un mythe alpin oublié, puis redécouvert des siècles plus tard. Ayant choisi 1891, on « invente », pour l'occasion, la fête nationale du 1er août. L'objectif n'est pas désintéressé. En ces mêmes années, pour la première fois, la gauche a fêté le 1er mai dans les rues, la France a célébré le 14 juillet et, en Allemagne, l'anniversaire du Kaiser a été célébré en grande pompe.

En 1991, revu à l'aune des défis du présent, la Suisse traverse une nouvelle période de doute. Ces incertitudes culturelle et politique créent une dynamique négative. Toutes les contradictions qui étaient naguère résolues par le silence et le compromis ne s'annulent plus à présent, mais au contraire s'empilent. Il y a désormais une tension permanente entre deux attitudes contradictoires : la stratégie du hérisson ou l'ouverture, l'exception ou la normalisation. Cet affrontement politique repose, en dernière analyse, sur une vision culturelle de la Suisse.

Au sein du gouvernement, Jean-Pascal Delamuraz, alors en charge des festivités, est au milieu du gué. Rêvant de renouer les liens entre les Suisses, entre les forces centrifuges et centripètes, il souhaite engager une réflexion sur le passé chargée de grandes questions existentielles : d'où venons-nous, où allons-nous, qui sommes-nous ? Il apprécie le slogan « Soyons fiers de notre passé pour regarder vers le futur ». Le message « subliminal » de Delamuraz et d'une partie du gouvernement est le suivant : la Suisse n'a pas à avoir peur de se rapprocher de l'Union européenne, elle qui a donné au monde la démocratie directe, les droits individuels, l'esprit républicain sans passé monarchique... Mais une autre partie du gouvernement est, quant à elle, hostile au rapprochement avec l'Europe. Cet affrontement politique se joue également sur le terrain de la culture : chaque camp véhicule son lot d'images. La tradition, d'un côté, avec, comme aux expositions nationales de 1896, 1914 et 1939, la volonté de marier la performance technologique et l'austérité campagnarde, le high-tech et le Village Suisse, lieu de l'authenticité nationale. De l'autre, on met en avant la nécessité de s'ouvrir et de s'intégrer à une Europe enfin débarrassée de la guerre froide. Entre célébration du mythe et ouverture vers le monde, le message, déjà complexe, achève de se brouiller.

La question de fond est de savoir si la Suisse peut être à la fois « exceptionnelle » et « intégrée » ? « Mythique » et membre du club européen ? Un État ficheur et un pays démocratique sans « police de la pensée » ? Un État-armée et une nation de citoyens ? Ces contradictions n'échappent plus désormais à un peuple divisé. Marco Solari constate : « Je me suis trouvé respectivement face à une Suisse rurale qui ne se posait pas de questions et voulait fêter le 700e anniversaire avec des costumes folkloriques et des saucisses. Et face à une Suisse urbaine, largement indifférente, mais touchée par le malaise helvétique. Tandis que des voix d'intellectuels de gauche raillaient en moi un “Monsieur Expo nationale”, un membre du parti radical, nommé par un ministre radical[22]. »

De fait, la gauche, essentiellement zurichoise, organise le boycott. L’essayiste Adolf Muschg remarque : « On ne peut pas nous considérer comme des traîtres pendant des années et ensuite espérer nous voir participer à ces festivités. » La gauche refuse donc bruyamment de fêter ce que Max Frisch appelle « l’État policier, l’État pourri ». Les fiches ont laissé des séquelles. Frisch, loin de se laisser amadouer par Marco Solari, lui envoie deux lettres d’une rare violence : « J’ai été surveillé par la police politique pendant quarante-trois ans. Pourquoi? Parce que, comme les autres personnes fichées, un Suisse est suspect s’il n’a pas la même opinion que la *Neue Zürcher Zeitung* [grand quotidien radical proche des milieux d’affaires] et du parti paysan [UDC]. Cela signifie que la police, qui prétend protéger l’État, n’est en fait qu’une police de la bourgeoisie, une police d’un parti politique, et que son utilisation est contraire à la Constitution. Pendant des années, ce sont les conseillers fédéraux qui ont trahi la Constitution ou qui n’ont pas demandé de comptes. Pourquoi devrais-je partager mon couvert avec des représentants d’un État-voyou? [...] La seule chose qui me lie encore à ce pays, c’est un passeport, et je n’en ai même plus besoin[23]. » — Max Frisch, alors gravement malade, ne peut plus voyager. Il est décédé peu après.

Hans Ulrich Jost, tête de file de la « nouvelle histoire », dénonce à l’occasion du 700e anniversaire « la mise en scène d’un discours historique dont le contenu est commandé par les autorités politiques, et de surcroît truffé d’intentions politiciennes réactionnaires. La messe du 700e anniversaire nous apparaît comme l’organisation malhonnête d'un déplacement mental de la conscience collective. Dans une Suisse qui navigue depuis des décennies dans le sillage des grandes puissances capitalistes et qui s'apprête à glisser dans un nouvel espace économique européen, ou du moins à en tirer parti, on propose à la population un bazar incohérent de réflexions culturelles et historiques entremêlées de messes populaires du genre vidéoclip pour produit à lessive[24] ».

Marco Solari note en effet : « L'affaire des fiches et le remue-ménage autour du 700e anniversaire étaient à la fois les causes et les symptômes d'une crise profonde de l'identité suisse, l'ébranlement d'une mentalité presque impensable aujourd'hui, où les Suisses avaient un sentiment de supériorité sur le monde. Ils croyaient que le passeport rouge à croix blanche les faisait appartenir à une race élue. C'était une Suisse imprégnée de la mentalité du réduit national et qui refusait violemment l'Europe, en espérant qu'elle se casse la gueule. Une partie des Suisses n'acceptait plus cette vision. Elle voulait en sortir. Elle avait une réaction violente contre ce traditionalisme. Moi, j'avais tout fait pour gagner les artistes. Je leur avais donné de l'argent, une liberté totale dont j'étais le garant. Restait une question : cet État qui avait fiché durant des années ces mêmes artistes et une partie de la population pouvait-il être ce mécène[25] ? »

La réponse est claire. En Suisse alémanique, c'est non. Les artistes ne veulent plus se prêter à ce jeu où ils sont les faire-valoir ou les alibis d'une Suisse officielle. L'Exposition nationale, haut lieu de la « suissitude » — étrange « mot-valise » entre suicide et solitude —, voilà tout ce que ces artistes rejettent. Et un slogan fait mouche : « 700 ans, ça suffit », comme si l'imposture suisse avait assez duré. Mais le mythe suisse est devenu si prégnant que les contestataires reconnaissent ainsi implicitement que la Suisse a duré sept siècles et n'est pas une création de 1848[26].

La maison d'édition alternative zurichoise Paranoïa City a sorti un essai qui s'intitule *Tout le monde descend. Idées pour se débarrasser de la Suisse*, et décrit l'utopie d'un monde sans argent, sans montres, sans ficheurs... bref, d'un monde sans Suisses. Le fantasme de la dissolution circule au-delà des cercles d'opposition d'extrême gauche. Les vaches sacrées ne sont pas encore touchées par le virus de la vache folle, mais elles sont mal en point : la neutralité, traditionnellement centrée sur la volonté de paix et le refus de tout impérialisme, suscite désormais le soupçon de l'égoïsme et de l'hypocrisie, et la récession économique désespère une bonne partie de la population. Les difficultés économiques, la remise en cause des institutions et les contradictions culturelles témoignent de la fallite du modèle helvétique. Des études montrent que 10 pour cent de la population vit en dessous du seuil de pauvreté, que les institutions, jadis jugées irréprochables, ont perdu de leur crédibilité : s'y ajoutent en vrac la hausse du chômage, le développement du dialecte, la méconnaissance de l'allemand, l'anglais qui s'impose à Zurich et à Genève comme première langue face aux langues nationales, l'incommunicabilité entre Suisse urbaine et rurale, entre francophones et germanophones, élites et peuple. Des conservateurs redoutent que, dans l'Europe, la Suisse libère des forces centrifuges qui mettent en péril sa fragile Constitution.

Gilles Petitpierre en tire le bilan : « Le 700e anniversaire a provoqué deux réactions opposées : soit la critique acide de la part de ceux qui, au nom de leur amour pour la Suisse, l'ont décrite comme odieuse ; soit la satisfaction mêlée de suffisance, et parfois d'arrogance, de ceux qui n'auront jamais assez invoqué le caractère particulier du cas suisse, du Sonderfall Schweiz pour se convaincre qu'ils échappent à la condition commune [...]. Ces deux attitudes ont un même fondement, une sorte de nombrilisme essentiel qui débouche sur l'amertume des uns et la suffisance des autres. Notre identité est ainsi ébranlée parce que nous avons négligé de la cultiver positivement, parce que nous avons oublié d'exercer notre volonté d'approfondir nos raisons de vivre et de continuer à vivre ensemble. Nous nous sentons mal dans notre peau, et cela au plus mauvais moment[27]. »

L'année suivante, a lieu l'Exposition internationale de Séville. Suivant une règle très helvétique, c'est la Suisse du refus du 700e qui prépare son pavillon. Un slogan frappe les esprits et surprend même le roi d'Espagne, Juan Carlos, qui se demande bien quelle mouche a pu piquer ces braves Helvètes : « *Suiza no existe*, La Suisse n'existe pas ». Des certitudes apportées par 1291, on est passé au fantasme de la disparition et du vide ; de l'utopie, on est passé à la disparition ; de la volonté de bâtir le meilleur des mondes à l'évanescence. Envers symétriques, qui, dans une certitude arrogante ou dans le vertige du néant, renvoient désormais à un pays en quête de lui-même, affirment implicitement : la Suisse ne peut exister qu'à travers le mythe. Finalement, les deux images contradictoires du 700e anniversaire et du slogan de Séville se rejoignent, et cela jusque dans l'utopie. En effet, que signifie le thème de l'utopie choisi par Solari

— et accepté par le gouvernement — si ce n'est la volonté de sortir d'un espace fermé, de s'extraire de la répétition en desserrant le frein du pragmatisme mais pour ouvrir un lieu imaginaire ? En ce sens, il constitue bien une sortie du réel, un processus de fuite — organisée institutionnellement — pour ne pas affronter les défis concrets. Faire acte d'utopie, c'est laisser entendre que, dans le réel, les conditions existantes sont trop lourdes pour être modifiées. C'est renoncer à agir sur le présent pour choisir de renouer d'un coup de baguette magique avec le monde de l'irréel et, finalement, envoyer un message démobilisateur. Puisque le ciel des certitudes s'effondre, allons chercher dans un au-delà. De fait, le ciel des certitudes va continuer à s'effondrer rapidement.

Symbole de la crise identitaire, le seul monument dédié à cette fête de l'utopie que devait être le 700e anniversaire fut la tente construite par l'architecte Mario Botta — un panthéon comportant cent vingt tonnes de structures métalliques. La tente la plus grande du monde. La fête finie, que faut-il faire de la coupole de l'utopie ? L'enterrer dans une fortification militaire tenue secrète, répondent les autorités...

Retournée à son concepteur, elle fut vendue à un Iranien qui l'a installée dans le désert à Sarakhs, non loin des frontières du Turkménistan et d'Afghanistan, en août 1997. Le propriétaire voit dans ses huit chapiteaux « le chiffre sacré de Machhad, la ville sainte de Reza, le huitième imam et, en plus, la forme porte-bonheur d'un fer à cheval ». Jusqu'à ce que le vent du désert l'emporte...

Avec Pipilotti et l'Exposition nationale 2001, nul ne sait si les spectacles donnés seront ceux d'un zapping ludique et consensuel de clips pseudo-culturels — autre dérivé du thème de l'utopie dont le but serait le même — ou d'une interrogation porteuse de sens sur la société suisse. Mais l'important n'est pas là. Il tient au fait qu'après des décennies de certitudes qui entravaient le corps social au point de l'étouffer, le doute a enfin droit de cité. La société suisse peut rompre définitivement avec les chaînes d'un passé qui la brime dans sa liberté de mouvement. Encore faut-il que la classe politique et la société le veuillent uniment.

4

Le cauchemar de la fin de la guerre

Le psychodrame du 700e anniversaire est à peine terminé que débute une nouvelle épreuve identitaire dont les prolongements n'ont toujours pas fini d'ébranler la Suisse. 1995 : le monde s'apprête à célébrer l'armistice, la victoire sur le nazisme, la paix enfin retrouvée. Que doit faire la Suisse ? Participer à cette grande fête de la libération et de la victoire alliée ? Se calfeutrer chez elle, au nom de sa neutralité ? Peut-elle ne pas fêter la démobilisation, alors qu'elle avait célébré « la Mobilisation », quelques années plus tôt, par une superproduction patriotique ? Quel message d'ouverture ou de fermeture sur le monde doit-elle envoyer à sa population ? Tout cela agite l'esprit des conseillers fédéraux, embarrassés de voir le même cauchemar recommencer : doit-on placer la Suisse dans l'histoire, et si oui dans quelle histoire ? Bien évidemment, l'attitude choisie aura des conséquences pratiques immédiates. Le 14 mars 1995, *Le Nouveau Quotidien* s'interroge : « Si Bill Clinton répond à l'invitation du gouvernement russe d'assister, le 9 mai prochain, à un défilé monstre sur la place Rouge, serons-nous représentés ? Et à quel niveau ? » Choisir une grille de lecture de son histoire en 1995 est un exercice compliqué. Or le gouvernement et le peuple suisse sont désormais divisés sur l'Europe : interpréter le passé, c'est encore faire des choix, parler du présent et du futur...

La question de la commémoration va provoquer une série invraisemblable de volte-face, marquées du sceau de l'indécision, et qui deviendrait presque drôle si elle n'avait pas un arrière-fond tragique. L'affaire est emblématique, car elle met en lumière tous les travers de l'exécutif : la difficulté de réfléchir à long terme, la désunion, le dédain du politique, l'incompréhension des enjeux symboliques, une attitude marquée par une prudence qui se retourne finalement contre ceux-là mêmes qui voulaient se prémunir de tout risque, l'incapacité de se projeter dans l'avenir, mais surtout l'impossibilité de toucher à l'« exception suisse », à cette île suisse au milieu de la tempête...

Novembre 1994 : le gouvernement suisse rejette l'idée de commémorer les cinquante ans de l'armistice signé le 8 mai 1945. Le raisonnement des conseillers fédéraux est double, à la fois financier et moral. L'organisation d'une session spéciale du Parlement est jugée trop coûteuse (elle reviendrait à 150 000 francs — l'opération « Diamant » avait coûté 6,5 millions de francs suisses). « Et d'autre part, explique Daniel Eckman, alors porte-parole au Département militaire, il nous semble arrogant de fêter publiquement l'armistice, alors que nous n'avons pas combattu aux côtés des Alliés. Cette victoire ne nous appartient pas, c'est la leur. » Dans cette même ligne, le président de la Confédération, Arnold Koller, explique qu'il est en faveur « d'une réserve et d'une réflexion silencieuse », puisque « la Suisse n'a été ni belligérante, ni vainqueur ».

Le 15 mars 1995, l'ex-conseiller fédéral et historien Georges-André Chevallaz défend la décision des autorités dans un article publié dans *24 Heures* et titré : « Berne s'abstiendra sagement de fêter l'armistice de 1945 ». L'argumentation est révélatrice : « La Suisse ne fêtera pas une victoire que d'autres ont remportée dans le sang, les ruines, les déportations, les règlements de comptes intérieurs, et qui, loin d'ouvrir une ère de paix, inaugurait la guerre froide et l'accumulation des armements de part et d'autre du rideau de fer [...]. Mais, poursuit-il, la Suisse peut évoquer cette période dramatique [...]. On ne tire, il est vrai, pas gloire de la neutralité. Mais par le refus d'entrer dans le carrousel capricieux des puissances, cette neutralité est, en même temps que prétention d'indépendance politique, objection de conscience raisonnable et nécessaire au recours périodique à la guerre, dans "ces nationalismes de bêtes à cornes" qui, selon Nietzsche, engendreraient la sélection des vertus viriles. »

Apparemment, la réflexion ne manque pas de hauteur morale. La Suisse, dit Chevallaz en substance, n'a pas à tirer profit d'une guerre qu'elle n'a pas livrée et pour laquelle elle n'a pas souffert. Mais cette humilité est feinte, car si la Suisse n'a pas accès à la grandeur que confère le « carrousel capricieux des puissances », elle possède en revanche une sagesse supérieure qui lui interdit de plonger dans le drame de la guerre. La neutralité est donc définie en termes moraux, parée de davantage de vertus que ces « nationalismes de bêtes à cornes ». Toutefois, le bât blesse quand Chevallaz et d'autres, y compris au sein du gouvernement, créent une métaphysique de la neutralité, occultant au passage des événements historiques les moins glorieux — la collaboration économique et industrielle avec le Reich, le blanchiment de l'argent par les banques suisses, la politique de refoulement des réfugiés... En fait, la neutralité suisse a été participative, comme le reconnaissait d'ailleurs parfaitement le droit international avec la convention de La Haye de 1907. En toute légalité, elle peut vendre des armes... pour autant qu'elle le fasse à tous les belligérants. C'est ce que dit en substance le droit international. Tel fut, du reste, l'un des arguments des délégués suisses pour affermir leur position dans les négociations avec les Alliés à la conférence de Washington de 1946. Mais un glissement intervient quand cette neutralité, participative dans les faits, se transforme dans la mythologie en une neutralité à caractère moral.

Le dernier élément que met en avant le Conseil fédéral pour être le seul pays d'Europe à ne pas commémorer l'armistice est la peur d'ouvrir des blessures qui sont liées à cette période. Il craint, dit-on à Berne, que « de telles manifestations ne dégénèrent en fanatisme nostalgique, en critiques destructrices ou en interprétation politique ». En fait, le gouvernement redoute que le débat esquivé lors de l'opération « Diamant » ne soit plus escamotable six ans plus tard. Avons-nous été vraiment neutres ? Le sommes-nous encore aujourd'hui ? Voulons-nous faire partie de l'Europe ? En 1989, à l'époque de l'opération « Diamant », le mur de Berlin existait encore. La Suisse n'envisageait pas d'adhérer à l'Europe. Quelques années plus tard, le spectacle est radicalement différent : non seulement le bloc de l'Est s'est auto-dissous, mais la Suisse a déposé en mai 1992 une demande d'adhésion à l'Union européenne, qu'elle gela après le rejet par une mince majorité de ses concitoyens de la participation à l'Espace économique européen en décembre 1992. Bref, la discussion sur le bien-fondé de la persistance de l'« exception suisse » est un thème de déchirement et non plus d'union nationale, à l'heure où il faut choisir entre deux conceptions de la destinée suisse. Doit-elle ou non mettre à mort le hérisson qui l'a si fidèlement servie ? La réponse apportée par le gouvernement est la pire de toutes : ni oui, ni non.

Pour reprendre la formule de Ruth Dreifuss, c'est « le silence assourdissant du Conseil fédéral que les Suisses entendent ». La commémoration du 8 mai ressemble à un engrenage risquant d'échapper à tout contrôle. En effet, si les faits historiques sont connus, tout n'a pas été reconnu, loin de là. La Suisse n'a guère exprimé sa gratitude pour le prix du sang versé par les Alliés et les résistants antinazis. Elle a mis au ban de la société ceux de ses citoyens qui ont préféré obéir à leur conscience plutôt qu'aux ordres. Enfin, elle ne s'est pas excusée pour la politique de la « barque pleine ». A-t-elle contracté une dette morale envers le monde libre et les malheureux qu'elle a refoulés, les condamnant à une mort quasi certaine ? Doit-elle se justifier ? Doit-elle choisir l'histoire ou le mythe ? En 1989, la réponse était encore claire, mais six ans plus tard, le message à la nation se brouille et, de peur de bégayer, le gouvernement se mure dans un silence qu'il espère salvateur, un silence qui tente d'esquiver tout débat en éludant toute commémoration.

En 1945, la fin de la guerre avait déjà plongé le Conseil fédéral devant de réelles difficultés. Fallait-il fêter l'écrasement de la barbarie nazie ? Ou bien, dans un souci de neutralité, valait-il mieux rester figé comme une statue de sel? Au terme de deux jours de réflexion, un compromis remarquablement helvétique avait été trouvé : le gouvernement avait fini par décréter, dans un communiqué gêné, que toutes les cloches sonneraient dans le pays le 8 mai, date de la capitulation de l'Allemagne. Le monde était en liesse, mais en Suisse, sur les instructions strictes de von Steiger, la défaite de l'Allemagne nazie ne devait pas être accueillie par des manifestations de joie et les sacrifices des Alliés ne devaient faire l'objet d'aucun rassemblement public, ni de remerciements. Dans un discours radiodiffusé à la nation, Eduard von Steiger remercia donc le ciel que la Suisse ait échappé aux ravages de la guerre et bénit l'autodiscipline des Suisses ainsi que la grandeur de l'armée helvétique. Un demi-siècle plus tard, la Suisse officielle est à l'évidence tout aussi réticente à l'idée de se joindre à la commémoration d'un conflit où elle joua un rôle ambigu.

La non-commémoration profite à quelques-uns. Ainsi à Nostalgie Distribution, une société bernoise qui vend pour 89 francs une cravate en soie où l'on voit, sur fond de couleur des années quarante, le général Guisan et le conseiller fédéral Rudolf Minger montés sur des chevaux noirs, dominant le Grütli où sont rassemblés tous les officiers suisses. On propose également une panoplie de montres-bracelets, d'oignons et même de pendules, le plus souvent à l'effigie du général Guisan.

Pourtant, le Conseil fédéral est empêtré dans la logique de l'opération Diamant qui lui colle désormais à la peau. Comment la Suisse peut-elle avoir célébré en grande pompe « le jubilé de la déclaration de guerre et se taire lors des cérémonies marquant le retour de la paix, de la démocratie et du respect de la dignité humaine »? « La Suisse peut-elle fêter la guerre mais ignorer la paix? La Suisse peut-elle se singulariser, quand tout le continent se rassemble pour se souvenir du terrible sacrifice? Son silence ne sera-t-il pas interprété comme une preuve de sa mauvaise conscience [28]? »

A la mi-mars 1995, le peuple suisse est informé d'une initiative « strictement personnelle » de son ministre des Affaires étrangères. En janvier, Flavio Cotti a écrit au chancelier allemand, Helmut Kohl. Le conseiller fédéral adresse au chancelier allemand un message personnel d'amitiés, au moment de la célébration du 50e anniversaire de la libération du camp d'extermination d'Auschwitz : « Nous sommes avec vous dans cette période difficile. » Dans cette lettre, Cotti évoque la période douloureuse qui va s'ouvrir pour l'Allemagne, avec le rappel des événements les plus noirs de son histoire. Il remercie le chancelier de l'extraordinaire « travail de reconstruction » effectué par son pays sur les décombres de la barbarie nazie, et salue en Helmut Kohl un réel constructeur de l'Union européenne, « garant de la démocratie et de la stabilité en Europe ».

Kohl et Cotti sont démocrates-chrétiens et puisent leurs convictions dans un fonds idéologique commun. De surcroît, le chancelier allemand respecte les particularismes helvétiques qu'il connaît bien. Si l'Allemagne reste de loin le premier partenaire économique de la Suisse, elle est surtout, au sein de l'Union européenne, une alliée de la cause helvétique : au cours de sa présidence lors du second semestre 1994, elle a rendu des services aux négociateurs suisses. La lettre de Cotti est symptomatique de la pensée du ministre des Affaires étrangères : en cette année de commémoration, la Suisse reste muette sur le terrain de la gratitude et de la reconnaissance vis-à-vis des vainqueurs de la Seconde Guerre mondiale, muette envers le monde juif et les associations de déportés, muette face à tous ces hommes et ces femmes qui ont combattu contre le fascisme. Nul message, « personnel » ou non, n'a été envoyé à Londres, Washington ou à Moscou pour les remercier d'avoir sauvé l'Europe des griffes de Hitler. La Suisse n'a jusqu'alors effectué qu'un seul geste officiel pour marquer la libération du camp d'extermination le plus terrible de l'histoire de l'humanité : une lettre signée de Flavio Cotti adressée à l'Allemagne.

L'embarras créé par cette lettre rendue publique, les pressions des médias, la pétition de 120 parlementaires, de gauche comme de droite, demandant de marquer la fin de la guerre la plus meurtrière de l'histoire, le poids de la dynamique internationale, ont fini par ébranler le gouvernement. Dans les journaux, le ton monte. Un article, dans *Le Nouveau Quotidien* du 14 mars, montre l'état d'esprit. Il s'intitule : « Pourquoi commémorer la fin de la guerre » : « La Deuxième Guerre mondiale a laissé une marque profonde dans notre pays. La mauvaise conscience marquée par notre attitude vis-à-vis des Juifs n'est pas dissipée. Nous nous heurtons toujours à la formule du conseiller fédéral Eduard von Steiger, “la barque est pleine”, alors que la traque des Juifs battait son plein. Économiquement, la prospérité de l'après-guerre s'est construite pendant la guerre. Notre appareil de production, intact, n'a jamais cessé de tourner, que cela soit pour aider les nazis à détruire, ou ensuite pour aider les Américains à reconstruire ce que nous avions aidé à détruire [...] C'est en politique étrangère que nous payons le prix le plus lourd. La Suisse, traditionnellement ouverte sur ses voisins, s'est repliée si fort sur soi durant la guerre qu'elle ne s'en est pas encore remise. Loin de l'Union européenne et de l'ONU, nous pratiquons la politique du hérisson qui hérissa si fort les amis de la liberté au moment où il s'agissait d'écraser Hitler et ses séides. » Dans *La Liberté* du 20 mars 1995, le ton est le même : « Lors de Diamant, tous les orateurs furent unanimes à exalter l'esprit de sacrifice, les mérites de l'isolement et l'opportunité du réduit national. Mais les discussions et les débats publics sur les ambiguïtés de la politique d'accueil, sur le refoulement des Juifs et sur les inavouables complicités politiques, bancaires et industrielles avec la dictature nazie furent bannis [...] Six ans plus tard, Berne nous prépare une commémoration escamotée, presque secrète, de l'armistice du 8 mai 1945. Le Conseil fédéral aurait peur de la vérité historique et de la réflexion prospective qu'il ne s'y prendrait pas autrement. »

Le 20 mars, le gouvernement doit décider définitivement s'il doit s'en tenir à son attitude minimaliste — assister le 7 mai à une cérémonie chrétienne et israélite à la cathédrale de Berne — ou s'il doit « faire davantage ». Au sein du gouvernement, les avis sont comme d'habitude divisés. Et un conseiller fédéral ne croit toujours pas que le tampon « J » ait été demandé par le gouvernement suisse aux nazis. Alors qu'entre eux, les conseillers fédéraux en viennent à s'enseigner l'histoire plutôt que de conduire le pays, la discussion s'amplifie au sein de l'arène parlementaire.

Le débat sur la dernière guerre et sur l'exception suisse renvoie à la discussion sur la place de la Suisse dans le monde. Pour le socialiste Victor Ruffy, la commémoration de l'armistice permet « d'évoquer les forces positives qui ont mené ensuite à la construction européenne. C'est l'occasion aussi d'accélérer le mouvement d'intégration de la Suisse ». D'autres suivent le même axe de réflexion, mais en sens inverse. Le député radical Jacques Martin estime qu'une session spéciale serait « tout à fait déplacée » : « Je ne sais pas ce que cela apporterait. L'humilité me paraît plus sérieuse que de vouloir se prendre au sérieux. Cette date est plus importante pour l'Europe et le monde que pour la Suisse. » Il évoque le prix d'une session spéciale : « Elle coûterait la bagatelle de 150 000 francs et on ne sait même pas ce qu'on y ferait. » Puis il ajoute : « Le Parlement n'est pas là pour célébrer des anniversaires, sauf s'ils touchent au fondement de l'histoire helvétique. » Du coup, il défend entièrement le profil bas du Conseil fédéral : s'il faut célébrer quelque chose, autant célébrer la démobilisation, le 20 août 1945, date de la fin du service actif, qui « nous toucherait plus directement ». Le radical genevois Peter Tschopp est agacé par les arguments de Jacques Martin : « Je ne partage pas cet isolationnisme béat et cette attitude visant à se mettre aux abonnés absents. » La polémique autour de l'éventuelle commémoration du 8 mai fait ressurgir deux visions de la Suisse : celle d'un pays concerné par l'histoire européenne, même s'il a été épargné par la guerre, et celle d'une Confédération qui se complaît dans le Sonderfall et la certitude de poursuivre une existence menée en marge du concert des nations, « à contre-courant depuis sept siècles », selon le titre d'un ouvrage de Chevallaz.

La décision est alors prise : le gouvernement fêtera la fin de la guerre. Sous le poids des pressions, la Suisse change de position le 23 mars. Non seulement elle participera à un service œcuménique à la cathédrale de Berne le 7 mai, mais il y aura bel et bien une session spéciale des Chambres fédérales. Tout paraît réglé et pourtant... Quelle date faut-il choisir pour la commémoration ? Le 8 mai, comme le reste du monde ? Le mois d'août, pour fêter la démobilisation ? Un autre jour ? Et qui faut-il inviter ? Les Allemands ? Et les Russes ? Le même cauchemar revient à nouveau : comment s'inscrire dans l'histoire ? Mais le temps commence à presser. Le Conseil fédéral ne sait que répondre à l'invitation formelle adressée au président Kaspar Villiger par la France pour la commémoration du 8 mai et par la Russie pour celle du lendemain. Alors, comme à son habitude, il se tait.

Les autorités choisissent une première date : le 6 juin. Pourquoi le 6 juin ? A cause du débarquement en Normandie ? Pas du tout. Parce que le 6 juin marque le jour de la rentrée parlementaire. De quoi économiser les 150 000 francs d'une session extraordinaire des chambres fédérales. « Les parlementaires pourraient se réunir dans la matinée », explique sereinement le député Otto Schoch. C'est pratique et cela ne coûte pas un centime. Le gouvernement, après des mois de refus, s'est donc résolu à effectuer une cérémonie discrète et pas chère pour célébrer la fin de la guerre sur la pointe des pieds. C'est un compromis typiquement helvétique : économique et apparemment efficace. Seul inconvénient : la Suisse fêtera la fin de la guerre un mois après le reste du monde. Elle se retrouve dans son Sonderfall — officiellement, parce que l'un des pays les plus riches du monde s'est mis en tête de « faire des économies »...

Devant les commentaires narquois, le chemin de croix du gouvernement se poursuit. Nouvelle volte-face, le Conseil fédéral décide que la commémoration aura finalement lieu début mai. Le cauchemar de la commémoration de la fin de la guerre est-il enfin terminé ? Loin de là. Nous sommes en avril 1995 et les volte-face durent depuis bientôt six mois. Maintenant que le principe d'une célébration est acquis, le Conseil fédéral est divisé sur une question majeure : doit-il présenter des excuses officielles aux communautés touchées par la politique d'asile suisse de l'époque ? Face aux divisions, un ballon d'essai est lancé. Flavio Cotti, plutôt réticent lui-même sur le chapitre des excuses, est en recherche d'un équilibrage quasi parfait entre le Sonderfall et les fautes reconnues envers les réfugiés : « S'il faut éviter de jeter la pierre à la Suisse des années trente et quarante, nous ne saurions nier qu'elle porte une part de responsabilité dans les barbaries indicibles qui ont été commises en ces années-là. » Alors que le 8 mai approche, le gouvernement n'est pas encore parvenu à se mettre d'accord sur le principe des excuses.

Autre problème. Faut-il inviter des représentants des Alliés ? Après tout, ce sont eux qui ont versé leur sang ! Doit-on inviter les Allemands, premiers partenaires économiques de la Suisse et ses principaux alliés dans les difficiles négociations avec l'Union européenne ? Et les Russes, doivent-ils être de la partie ? Le socialiste Andreas Gross s'interroge : « Pourquoi ne pas inviter des représentants des Alliés ? Comment la Suisse pourrait-elle se passer d'eux, puisque cette célébration veut les remercier de leur sacrifice pour la sauvegarde de notre démocratie ? »

Cette proposition est reçue très froidement par la majorité des membres de la commission désignée pour prendre la décision finale. Le radical Pascal Couchepin se dit favorable à la présence d'un représentant allemand, car, explique-il, « il faut élargir la réflexion à l'Allemagne et lui donner l'occasion de méditer sur cette période tragique ». Et les Russes, qui ont perdu quinze millions des leurs ? « Non, pas eux, s'écrie Pascal Couchepin. Comment justifier la présence d'un représentant d'un régime qui fut totalitaire jusqu'à récemment ? » Les Russes n'ont apparemment pas besoin de méditer. Alors faut-il inviter, en définitive, les représentants alliés et allemands à la commémoration ? « C'était trop de questions à résoudre en quelques semaines, nous avons fini par y renoncer », commente sobrement le libéral Jean-François Leuba.

En réalité, derrière ces craintes, il y a la hantise de voir les représentants des Alliés faire le procès d'une Suisse qui ne fut pas au-dessus de tout soupçon. « Donner la parole à des étrangers, c'est courir le risque de transformer la cérémonie en un tribunal », a averti le député radical Otto Schoch. Un risque que les autorités suisses n'ont pas du tout eu envie de prendre. L'armistice s'est fêté donc entre Helvètes. Le Conseil fédéral a participé à une cérémonie à la cathédrale de Berne organisée par les communautés religieuses. Puis, le président suisse s'est exprimé devant le Parlement. Après des mois d'atermoiements, d'hésitation, de divisions, le président Kaspar Villiger a su toutefois trouver les mots justes. Il a écrit lui-même le discours. Daniel Bourgeois, aux Archives fédérales, lui a préparé des notes. Son conseiller personnel, Bernard Marfurt, soulève différents points, mais finalement, c'est Villiger qui trouve les mots qui émancipent le pays du poids d'un passé trop lourd. Kaspar Villiger reconnaît certaines erreurs du passé. Au nom du Conseil fédéral, il présente ses excuses « au peuple juif », mais il admet que « pareille aberration est en dernier lieu inexcusable ». Il rend hommage à tous ces Suisses comme Grüninger ou Lutz qui ont fait honneur à leur pays. Il exprime sa reconnaissance aux Alliés qui ont payé un lourd tribut à la victoire : « Le fait d'avoir été épargné par le conflit nous place devant l'obligation morale d'agir pour que ce qui s'est passé au cours de la Seconde Guerre mondiale ne puisse plus jamais se reproduire. »

C'est d'autant plus courageux que le père de Kaspar Villiger, Max Villiger, faisait des affaires en Allemagne nazie. Il n'en demeure pas moins que son fils, hostile à l'adhésion à l'Union européenne, permet par son discours d'avoir une approche plus ouverte face à un passé douloureux, tandis que Delamuraz, l'un des conseillers fédéraux les plus engagés en faveur de l'ouverture à l'Europe, a été l'homme de l'impopulaire formule « à en croire certains, Auschwitz était en Suisse ». Ce chassé-croisé montre bien toute la complexité du rapport au passé. A cet égard, le gouvernement de 1995 est un condensé de la société suisse : outre Villiger, encombré du poids du passé familial, on y voit Ruth Dreifuss, premier conseiller fédéral d'origine juive ; Adolf Ogi, né en 1943, qui porte certes le même prénom que son père et son grand-père, mais dont le choix était lourdement connoté à l'époque de sa naissance ; Delamuraz empêtré dans son faux pas, Flavio Cotti et Arnold Koller, dont les vertus principales semblent être prudence et méfiance, et un Moritz Leuenberger, que sa jeunesse libère des chaînes de ce passé.

Cependant, le bilan de six mois de réflexion sur la Seconde Guerre mondiale est plus que mitigé. Sans le discours de Villiger, c'eût été une catastrophe absolue, l'histoire d'une pantalonnade. L'absence de volonté politique pendant tout ce temps a été une cruelle preuve de l'incapacité du gouvernement à faire face aux défis actuels, et explique en grande partie la crise des fonds en déshérence.

5

Un gouvernement aux abonnés absents

Lorsque la polémique sur l'or nazi et les fonds en déshérence commence, en 1996, le mur des certitudes helvétiques est bien lézardé. Le pays est en panne de destin. La demande d'adhésion à l'Union européenne est gelée depuis décembre 1992. Le hérisson, blessé de partout, n'en finit toujours pas d'agoniser. C'est dans cet état d'apathie que la crise des fonds dormants commence. Encore engoncés dans les réflexes insulaires de l'exception suisse, ni le gouvernement ni les banques ne se donnent la peine de prendre en compte les avertissements qui se multiplient.

Les signaux clignotent de tous côtés, mais en vain. En 1995 encore, des membres de l'Agence juive se font éconduire par des banquiers : les représentants des organisations juives tentaient d'expliquer aux banquiers suisses de l'UBS, de la SBS et du Crédit Suisse qu'il est absurde et choquant de demander des certificats de décès à des gens dont la famille a été gazée. Les banquiers avançaient l'importance du secret bancaire, et expliquaient que, depuis 1962, un règlement global était intervenu...

L'ambassadeur américain en poste à Genève auprès des Nations unies, Daniel Spiegel, voit la tempête se lever. Il prévient ses amis suisses : « J'ai vu des banquiers, des hommes politiques, raconte-t-il, mais mon message ne passait pas auprès d'eux. J'avais beau les mettre en garde, ils ne voyaient pas toute la dimension politique que cette affaire de comptes dormants allait prendre. Ils ne comprenaient pas qu'ils risquaient des sanctions, un boycott [...] Cette incompréhension était elle-même le produit d'une incompréhension plus fondamentale. Ils ne voyaient pas en quoi leur attitude était critiquable, tant ils adhéraient à l'image d'une Suisse neutre, humanitaire [...] Je sais comment le Sénat américain travaille, je connaissais les méthodes d'action du sénateur D'Amato, président de la commission des banques au Sénat, je connaissais l'efficacité du Congrès juif mondial, leur détermination et leur exaspération après des décennies d'échec. Il y a une expression en argot américain, dans les combats de rue entre deux gosses. C'est le premier qui crie "ongle — pouce" en français. Ils étaient déterminés à aller jusqu'à ce que les banques suisses disent "pouce". Et sur le fond du dossier, ils n'avaient pas tort. Les Suisses étaient tout, sauf irréprochables[29]. »

Daniel Spiegel parvient cependant à ébranler Ivan Pictet, un banquier privé. Les deux hommes sont amis. Ils font de la voile ensemble : « L'été 1995, dit-il, on naviguait sur le lac Léman et Daniel m'a averti qu'une attaque se préparait depuis un an et qu'elle serait très dure contre la Suisse. Les organisations juives étaient déterminées à démystifier le rôle que la Suisse avait joué durant la guerre. Elles avaient en travers de la gorge notre attitude de neutralité, note façon de jouer à ceux qui sont au-dessus de la mêlée, de refléter une image de propreté, alors qu'il y avait eu le tampon "J", les refoulements à la frontière, le refus de régler les fonds en déshérence pendant cinquante ans... » Ivan Pictet essaie d'alerter les banques genevoises. On lui répond : « On ne va pas se désolidariser des autres banques suisses. » Il tente de convaincre Elie Wiesel de prendre la tête « d'un groupe de conciliation auprès des organisations juives », mais sans résultat. Il contacte des personnalités genevoises de confession juive pour qu'« elles écrivent une lettre aux organisations juives » : « Mais elles ont refusé. Tel bâtonnier m'a expliqué qu'en son temps, l'armée l'avait refusé dans la cavalerie parce qu'il était juif, tel professeur de littérature, qui fait autorité dans le monde entier, m'a raconté qu'on avait refusé sa naturalisation[30]... »

Arrive le symposium de Davos à la fin janvier 1997. Haut lieu du jet-set politique et économique, organisé par le World Economic Forum, afin qu'entre « dirigeants du monde » — ou du moins ceux qui se prennent pour tels — on règle les conflits internationaux (Arafat et Netanyahu s'y serrent la main), on propose de réguler les fluctuations des devises (on donne en exemple le modèle asiatique juste avant la crise), tout en concluant au passage, entre deux descentes à skis, quelques affaires. Le tout est agrémenté par la présence de personnalités dont la charge est de saupoudrer l'ensemble d'un peu d'éthique.

C'est sans doute ce qui explique la présence d'Elie Wiesel lors de ce symposium. Le prix Nobel de la Paix est surpris par la visite dans sa chambre de deux hommes qui lui demandent de leur conserver l'anonymat le plus absolu. « En grand secret, deux banquiers suisses sont venus me voir. Ils m'ont fait promettre de ne pas révéler leur identité. Ils étaient venus me sonder. Nous avons parlé de l'attitude du gouvernement suisse. Je leur ai dit : "Écoutez. Ce qui arrive, c'est la faute du gouvernement suisse et des banques. Regardez les formules utilisées par Delamuraz, regardez l'ambassadeur Jagmetti qui déclare la guerre aux organisations juives. Tout cela aurait pu être évité. Que les banques suisses rendent ce qu'elles ont pris. C'est tout." Ils m'ont écouté poliment. Puis, ils sont repartis aussi discrètement qu'ils étaient venus[31]. »

L'ambassadeur américain, Daniel Spiegel, est lui aussi à Davos. Ivan Pictet l'introduit auprès de Hans Meyer, patron de la Banque nationale suisse, de Robert Studer, de l'UBS, et de Jean Bonnot, président du groupement des banquiers privés. Encore une fois, Spiegel prévient ses interlocuteurs : « Je leur ai dit qu'ils devaient bouger, que l'affaire allait prendre de l'importance, que la phrase de Delamuraz était un désastre absolu, que la Suisse était en train de glisser sur une voie très dangereuse et qu'elle allait en payer le prix. Ils m'ont écouté. Ils ont posé quelques questions. Ils ont concédé qu'à un certain moment, il faudrait bien faire quelque chose, mais qu'ils n'étaient pas prêts. Pourtant, ils auraient pu dire que c'était une autre génération, à une autre époque, mais qu'ils en assumaient néanmoins la responsabilité. Mais non, ils n'ont rien fait, car ils ne comprenaient pas ce qui était en jeu[32]. »

Daniel Spiegel poursuit : « A une autre occasion, le sujet a spontanément surgi lors d'une réception à Genève. Un convive a lancé : "Toute cette histoire, c'est juste un truc des banquiers américains pour affaiblir les banques suisses." J'étais tellement scandalisé par cette incompréhension fondamentale que je me suis exclamé : *Bullshit!* Ce fut un scandale. Des gens se sont levés de table et sont partis. En tant qu'ambassadeur en poste à Genève, jamais je ne m'étais exprimé de la sorte, mais j'étais scandalisé par la conviction de certains Suisses d'être en quelque sorte dépositaires de la vérité historique. »

Wiesel et Spiegel ne sont pas les seuls à avertir les autorités helvétiques. Il y a aussi — à sa manière — l'ambassadeur Jagmetti, et beaucoup d'autres. Le Conseil fédéral est tétanisé par l'imminence d'une crise internationale qu'il craint de ne pas savoir gérer. Alors, c'est le silence emprunté, la gêne, le repli. La position du hérisson, attendant que la tempête se calme. Pourquoi ces bévues? La réponse est simple, mais ce qu'elle engage est infiniment profond. A cause de la mémoire que la Suisse a si soigneusement organisée. De sa conception d'elle-même. Cet aspect culturel provient en partie d'une politique d'État, elle-même est la conséquence directe des choix qui ont été faits pendant la guerre et l'après-guerre. Il y a la neutralité et, dans le neutre, il y a l'image de celui qui reste extérieur à la souffrance, qui reste extérieur au vertige du Mal. Il y a, contenu dans cette neutralité, tout le droit à l'indifférence. Il y a l'infinie distance de ceux qui n'ont jamais eu à contempler l'horreur produite par le génie de destruction de l'homme. Rien à cet égard n'est plus exemplaire et plus insupportable, pour les rescapés des camps, que l'approche juridique des banquiers suisses qui exigeaient il n'y a pas si longtemps, on l'a vu, des certificats de décès pour leur famille exterminée. Exiger d'impossibles documents au nom du règlement, c'est fermer les yeux devant la barbarie et en quelque sorte, accuser les morts et leurs héritiers de ne pas avoir leurs papiers « en règle ». Comme s'ils étaient morts « normalement » ! Qu'est-ce que cela signifie, si ce n'est leur dénier le statut de victimes et marquer ainsi son propre refus de l'histoire ? Qu'est-ce d'autre que, fondamentalement, la volonté de bâtir une infranchissable frontière qui diviserait, une fois encore, la condition humaine ?

La mythologie suisse refuse d'affronter le mal de l'intérieur. L'identité suisse dans le monde repose sur l'image de l'ambulancier de la Croix-Rouge au secours d'une humanité blessée, prisonnière de la folie des guerres. Depuis Henri Dunant à la bataille de Solferino, la violence et le mal qui les provoquent restent extérieurs à l'imaginaire helvétique, qui y puise ainsi comme une plus-value symbolique : la souffrance de l'humanité renvoie à la Suisse le miroir de la supériorité morale que lui confèrent la neutralité et l'exercice de la charité.

Après la guerre, l'humanitaire va jouer un rôle crucial comme instrument de politique étrangère pour redorer le blason terni de la Confédération helvétique : ce sera le « don suisse », puis la contribution helvétique au plan Marshall. Quand, en mars 1997, le président Arnold Koller annonce la création d'une fondation de solidarité, encore une fois, l'humanitaire vient au secours de la Suisse. Le ministre suisse des Affaires étrangères Flavio Cotti justifie ainsi la neutralité suisse, dans *Le Monde* du 16 juillet : « Après la guerre, la participation suisse à la reconstruction de l'Europe fut, elle aussi, significative, puisqu'elle atteignit 1,5 pour cent de son PNB de l'époque. En toute humilité, je pense qu'en assurant la survie de la Suisse, la neutralité s'est révélée être dans l'intérêt de l'Europe entière. » Que veut dire Flavio Cotti? Que la neutralité suisse s'est justifiée par l'aide à la reconstruction, elle qui avait alimenté les machines de guerre nazie, française et britannique?

Or, un demi-siècle plus tard, la Suisse est de nouveau en difficulté. A compter du 13 février 1997, l'État de New York menace de suspendre les licences bancaires des banques suisses. Alors, le 6 février, les trois grandes banques suisses décident de créer « un fonds de solidarité pour les victimes de l'holocauste et leurs descendants ». Il s'agit là encore d'un « geste humanitaire », cependant assorti d'aucune excuse pour le passé. Les banquiers font le « bien », tout comme le gouvernement, qui décide de lancer une fondation de solidarité en mars 1997. Cette volonté d'être au chevet d'une humanité malade des dérèglements du monde évite pourtant de poser la question clef : quelles raisons ont conduit à cette souffrance?

Dans l'idéologie sous-jacente à la fondation de solidarité, les victimes des éboulements de terrain en Suisse, celles de la pauvreté en Afrique, des tremblements de terre au Japon, des violations des droits de l'homme en Colombie et ailleurs, les rescapés des génocides — juifs, tutsis, arméniens, tsiganes — en viennent tous à perdre leur singularité tragique. N'est-ce pas là s'ingénier à créer un écran de brouillard, à occulter la spécificité de chaque drame, à ne plus chercher à comprendre les causes qui ont conduit à l'horreur? Pour un peu, les victimes des catastrophes naturelles et celles des dictatures en viendraient à se confondre dans ce magma de bons sentiments.

Ainsi, en se penchant sur les corps des victimes, mais non sur les causes de leurs souffrances, les responsabilités des gouvernements se dissolvent, la politique est niée, les raisons qui ont conduit aux violations des droits de l'homme, et parfois à la mise en place de politiques génocidaires, disparaissent dans l'indistinction d'une souffrance banalisée. C'est le triomphe de la gestuelle caritative sur la responsabilité historique, de l'humanitaire sur le politique. Mais, plus fondamentalement encore, c'est refuser de penser l'homme dans son unicité, une manière de nier le monde, sa folie et notre coresponsabilité en tant que sujets, acteurs de l'histoire.

Le défi

Aujourd'hui, beaucoup de Suisses sont divisés devant la mort annoncée de l'exception helvétique. Certains s'en réjouissent, et cela jusqu'au sommet de la haute fonction publique. Ils y voient un formidable levier de modernisation psychologique. Ainsi, l'ambassadeur Thomas Borer, chargé de désamorcer la crise des fonds en déshérence, explique au *New York Times* : « Ce ne sont pas les Juifs qui sont nos ennemis. Ce ne sont pas les Américains qui sont nos ennemis. C'est la manière dont nous regardons notre propre histoire qui est notre ennemie[33]. » Borer dit en substance que la Suisse ne peut changer sans se défaire des chaînes de l'histoire qu'elle a elle-même forgées.

D'autres y voient au contraire la perdition de la Suisse, c'est-à-dire l'aliénation de sa liberté ancestrale, la renonciation à sa farouche neutralité, son identité sacrifiée au veau d'or d'une pseudo-modernité « par une classe politique qui se comporte comme la volaille quand il y a un renard dans le poulailler devant les graves attaques portées contre notre pays, nos citoyens et notre attitude pendant la Seconde Guerre mondiale[34] ». Non, dit Christoph Blocher, champion de la droite populiste, à « cette ambiance d'apocalypse, d'autoflagellation et d'autodénigrement ».

La question est de savoir quel discours représente exactement la « légitimité » de la Suisse. Qui, entre l'ambassadeur Borer et le populiste Blocher, incarne la continuité de la Suisse, la « vraie » Suisse ? Celui qui veut libérer le pays d'un passé trop pesant ? Ou celui qui, au contraire, le glorifie ? Celui qui joue l'ouverture sur le monde ? Ou celui qui défend l'« exception suisse » ?

Si le premier espère que la crise sera un levier de transformation pour une société ankylosée, le second l'utilise pour sonner le rappel des véritables valeurs helvétiques, de l'« esprit de résistance populaire » contre les couardes élites au pouvoir, hier prêtes à pactiser avec Hitler et aujourd'hui à participer à la construction d'un IVe Reich européen. Christoph Blocher met en parallèle les discours actuels sur les risques encourus par le pays en cas de non-adhésion à l'Union européenne avec celui de... Goebbels qui, en 1941, avertissait la Suisse qu'une non-collaboration à la « nouvelle Europe » serait économiquement nuisible. Il rappelle que certaines organisations faîtières, patronales et syndicales, avaient alors adopté un ton accommodant face au IIIe Reich, comme cela avait été le cas du conseiller fédéral Pilet-Golaz qui avait annoncé en 1941 que « le temps d'une nouvelle naissance était arrivé ». A la même époque, Pilet-Golaz avait également demandé à la population d'obéir aux décisions du gouvernement, même si celui-ci ne pouvait les justifier. Selon Blocher, cette volonté de « contourner la volonté populaire » est toujours bien présente. « Les élites ne veulent-elles pas céder une part de leur souveraineté à la bureaucratie centralisatrice de Bruxelles ? Il faut souhaiter que ces tendances échouent aujourd'hui comme par le passé. » Ce sont à nouveau les élites qui veulent vendre la Suisse aux puissances dominantes, suggère-t-il. « Par rapport à beaucoup de personnes issues de cercles dirigeants, le peuple est de loin celui qui a montré la plus grande résistance pour la défense de notre souveraineté. »

Le gouvernement suisse est tétanisé par le discours de Blocher. Pour reprendre la confidence de l'un de ses ministres, il se trouve « dans la position de la souris paralysée à la vue du serpent ». Casser la mythologie de la Seconde Guerre mondiale, c'est détruire le socle politique et idéologique sur lequel repose encore en partie la Suisse actuelle avec, en outre, le risque d'abandonner au discours populiste la légitimité sur laquelle la Suisse d'après-guerre s'est construite. Maintenir en état cette mythologie, c'est se condamner à payer au prix fort une politique de paralysie. Bouger à moitié, c'est se trouver pris entre tous les feux et se mettre en position d'échec. Telle est pourtant la solution adoptée par le gouvernement, miné par ses dissensions. Un œil sur les pressions étrangères, un autre sur le climat de l'opinion publique, le gouvernement mène une politique atteinte d'un inquiétant strabisme. Cherchant une providentielle pythie, il mène en réalité une politique de renoncement et de couardise.

Comme le dit l'écrivain zurichois Hugo Loetscher : « Nous avons gagné la Seconde Guerre mondiale sans la livrer. Nous avons échappé aux totalitarismes nazi et communiste. Nous avons interprété la paix et la prospérité dont nous avons bénéficié, non comme le fruit des circonstances, mais comme un destin. Ce destin est devenu la providence. Et la providence est devenue Dieu[35]. » Mais le ciel aujourd'hui, est désespérément vide.

La Seconde Guerre mondiale est le nœud gordien de la Suisse. Qu'elle le tranche et elle sera délivrée de la mythologie qui l'emprisonne dans une image tronquée d'elle-même.

6

Pour ne plus se faire hara-kiri en Europe

Si la Suisse d'aujourd'hui n'est plus tout à fait l'œil du cyclone, elle n'a pas encore trouvé sa véritable place. Sur le bas-côté de l'histoire, elle regarde l'Europe se construire, avec ses avancées et ses revers : la monnaie unique, un embryon de défense commune, mais aussi le noir bilan de son absence aux pires moments du nettoyage ethnique dans l'ex-Yougoslavie. Europe espace ou Europe puissance, modèle anglo-saxon ou modèle jacobin ? Il n'empêche, l'Union européenne avance. Elle a fait bien davantage que réussir son premier pari, celui de conjurer le péril de la guerre entre les nations qui la composent. Elle présente un horizon. Et, suprême paradoxe, elle s'helvétise. A écouter Nicole Fontaine, la vice-présidente du Parlement européen, on croirait entendre l'éloge du modèle suisse lorsqu'il avait encore foi en lui : « La construction européenne, parce qu'elle ne propose pas de solution définitive, est un éloge sans cesse renouvelé du pragmatisme lorsque celui-ci sous-tend un idéal. Elle se caractérise par une recherche permanente du compromis, par une capacité à tirer des convergences possibles en oubliant les divergences exprimées, de manière à donner à l'Union la communauté de destin espéré. »

La Suisse, quant à elle, est en voie de balkanisation. Fractures politique, sociale et culturelle se conjuguent pour émietter la cohésion nationale. Symbole de cette incommunicabilité : la barrière des langues ne cesse de s'élever. En 1998, les autorités zurichoises ont décidé que les enfants de leur ville apprendront l'anglais avant le français. Cela reste une expérience pilote, mais le message est clair : au nom de l'efficacité économique et de l'ouverture au monde, l'anglais est désormais plus important qu'une langue nationale parlée par un quart de la population. La Suisse vit à sa manière un « divorce à l'italienne » : chacun s'éloigne en silence. Ce n'est pas un scénario « à la belge », mais un lent processus d'indifférence montante. Chacun regarde ailleurs : Zurich vers New York, Londres et Tokyo, la Suisse centrale vers le Grütli, Bâle vers l'Allemagne et la France, le Tessin vers Milan et la Lombardie, la Suisse francophone vers l'Europe. Ce relâchement du lien confédéral est potentiellement dangereux en cas de crise.

Le fait est là : en dehors de l'Europe, il n'y a pas de projet collectif de dépassement de soi. Qu'on le veuille ou non, l'Europe représente le destin de la Suisse. Parfaite ironie, l'unité nationale ne peut être sauvegardée qu'en se joignant à la construction européenne. C'est une révolution copernicienne dans l'univers politique suisse. Cette conclusion renversante, au sens propre, est devenue celle d'une partie du gouvernement. Ainsi, le ministre Jean-Pascal Delamuraz, en octobre 1991, affirme : « Si elle demeurait isolée, la Suisse s'entre-déchirerait sur des banalités. Les problèmes d'identité qu'a ce pays ne seront surmontés que par un processus d'intégration plus puissant. » En 1992, le rapport de politique étrangère du gouvernement réitère les conclusions du rapport de 1988 : « Une appartenance à la Communauté européenne devrait plutôt renforcer la cohésion nationale. »

Alors, que décide le gouvernement suisse ? Non pas de tirer les conclusions logiques du constat établi par Jean-Pascal Delamuraz, mais de choisir, comme presque toujours, la troisième voie, celle de la peur qui conduit à l'impasse et à l'échec. Au lieu d'affirmer clairement ses choix politiques et de s'y tenir, il s'effraie de sa propre audace, se rétracte et finit dans un hara-kiri sans gloire.

Pourtant, au début de l'année 1992, le gouvernement semblait envisager un cap politique à long terme, avec, à l'horizon, l'adhésion à l'Espace économique européen, toutefois suspendue à l'acceptation populaire. On décelait enfin l'idée d'une inscription de la Suisse dans un contexte plus large. Certes, cela supposait des négociations et des adaptations avec Bruxelles, mais enfin, il y avait une philosophie d'ensemble. C'était — apparemment — la mort du hérisson. Avec l'effondrement, chez une partie des élites politiques, de la vision traditionnelle de la Suisse, on paraissait concevoir que le danger ne venait plus de l'extérieur, mais de l'intérieur. Le discours gouvernemental s'était métamorphosé. La meilleure manière de contrer les forces centrifuges à l'œuvre, affirmait désormais le gouvernement, c'était de ne plus jouer « solo ». Gilles Petitpierre constatait, avec d'autres, que « l'indépendance par le rejet européen, justifiée dans les temps de menaces, se transforme en isolement grincheux dans un entourage favorable. Ne pas s'en rendre compte, c'est se condamner à voir fondre son influence et, partant, la marge de liberté que suppose l'indépendance. C'est renoncer à son identité historique. Dans l'Europe en construction des années quatre-vingt-dix, c'est le rejet qui sera un bouleversement de nos traditions, c'est la participation qui servira notre indépendance dans la continuité de notre action internationale. Il nous faut nous donner les moyens culturels, intellectuels, institutionnels de construire une identité et une volonté d'action fortes pour que nous surmontions la crainte de l'isolement [...] [36] »

Mais le gouvernement, parce qu'il reflète les divisions de l'opinion, parce que sa culture politique l'incite à ne pas « conduire le peuple », mais à en être le fidèle exécutant, ne va pas avoir le courage politique de tenir le cap de cette modification fondamentale du rôle de la Suisse. Il ne fait pas passer ce message et n'explique pas que la Suisse est en voie de marginalisation. Quant à l'opinion publique, elle est en plein désarroi : la majorité se plaint de la hausse du franc mais redoute toute intégration à un système monétaire supranational ; elle craint les délocalisations mais appréhende plus encore la libre circulation des travailleurs ; elle critique le caractère encore peu « démocratique » des institutions communautaires mais rechigne à se soumettre à la règle majoritaire dans les institutions de Bruxelles ; elle souligne l'absence de politique européenne dans l'ex-Yougoslavie mais lui reproche son centralisme...

Il est vrai qu'au sein du gouvernement de 1991, même ceux qui étaient désormais pro-européens ne l'étaient pas forcément un an ou deux ans plus tôt. Ils croyaient encore à la « troisième voie ». Mais leurs certitudes se sont effritées lors des négociations sur l'Espace économique européen. Un haut fonctionnaire raconte : « En 1989, on a cru qu'on était encore dans les années soixante-dix, que l'on pouvait négocier avec Bruxelles sur un pied d'égalité. Mais il n'y avait plus rien à négocier, sinon quelques exceptions à l'acquis communautaire. L'Europe refusait de se remettre en question. Elle était comme un bloc qui va tout droit, que des petits pays tiers se joignent ou non à elle. » C'est, pour les Suisses, un choc : Bruxelles refuse d'accorder la codécision. Les deux ministres qui négocient directement avec Bruxelles, le radical Delamuraz et le socialiste Felber, ont le dos au mur tant la Suisse a peu l'habitude de négocier dans un forum multilatéral. Au sein de l'AELE, ils se retrouvent isolés sur la position la plus dure. « L'Autriche était d'accord sur tout et en redemandait, les Norvégiens ne voulaient parler que du pétrole et de la pêche et nous, nous voulions le minimum et le plus tard possible », raconte un diplomate.

Principe de réalité oblige : les deux hommes se rendent compte que l'EEE n'est pas le bon choix; il risque de n'être pour la Suisse qu'une salle d'attente permanente et inconfortable. Le droit de consultation que leur offre Bruxelles n'est qu'un écran qui masque mal les nouvelles réalités internationales. En substance, les Européens leur disent : « Ou vous êtes dans le club, ou vous êtes dehors. » Plus directe, Simone Veil, eurodéputée à l'époque, accuse les Suisses, du haut de la tribune du Parlement européen, « de vouloir le beurre et l'argent du beurre ».

Chahutée du dehors, la barque gouvernementale tangue. Triste spectacle que ce bateau ivre ! Un journal décrit la situation : « Kaspar Villiger condamne l'EEE et flirte avec l'*Alleingang*, Arnold Koller plaide encore pour l'EEE. Adolf Ogi n'est pas satisfait par l'EEE. Otto Stich ne dit rien, se contentant d'être hostile. Pour faire contrepoids, René Felber plaide publiquement pour l'adhésion. » Le consensus est brisé et le compromis apparemment introuvable. L'enjeu est de taille. Faut-il rompre ou faut-il continuer? C'est l'éternel dilemme suisse : la tension entre la soif de particularisme inscrite dans une certaine vision du pays, et la normalisation souhaitée; la contradiction entre le discours de l'opération « Diamant » et celui de 1994, avec, comme pis-aller, la déclaration solennelle du président Arnold Koller au Parlement; le 700e anniversaire de la Confédération et l'affaire des fiches; l'esprit du réduit national et l'ouverture.

Lors d'une réunion, les négociateurs suisses apprennent que la Cour de justice du Luxembourg va vraisemblablement décider qu'il n'y aura pas de cour d'arbitrage pour régler les éventuels différends entre partenaires de la Communauté européenne et ceux de l'AELE, réunis au sein du futur espace commun. L'un d'entre eux, l'ambassadeur Bruno Spinner, raconte : « Pour nous, c'était la clef de voûte des négociations qui s'effondrait. Cela voulait dire que l'on ne pouvait plus faire appel à une instance indépendante. L'Espace économique européen est alors devenu un objectif inadmissible pour le gouvernement. » Le gouvernement n'a cependant pas de l'événement une lecture aussi radicale que Bruno Spinner. Les sept membres de l'exécutif se réunissent en conclave à Gerzensee et discutent du principe de l'adhésion à l'Europe. Le gouvernement est profondément divisé et la ligne de fracture dépasse les clivages entre partis politiques au sein de l'exécutif. Jean-Pascal Delamuraz, radical, et René Felber, socialiste, sont pour. Ils ont proposé, avant l'été 1991, une déclaration favorable à une adhésion dans le but d'indiquer un objectif au peuple suisse. La plupart des autres ministres sont alors indécis ou franchement hostiles. La proposition est refusée, mais les deux hommes la remettent sur le tapis après l'été. Cotti, d'un naturel prudent, est contre, comme le reste des ministres. Mais à Gerzensee, après des heures de discussions controversées, Felber et Delamuraz arrachent deux voix en faveur de l'adhésion. Par quatre voix contre trois, le gouvernement suisse a décidé l'adhésion à l'Europe. Personne n'est au courant d'un choix qui engage la destinée du pays, même si un référendum devra tôt ou tard intervenir : ni le Parlement, ni, *a fortiori*, l'opinion publique.

Arrive la rencontre de Luxembourg. Felber et Delamuraz sortent des négociations, épuisés : c'est confirmé, l'Europe refuse catégoriquement une instance juridique indépendante pour régler les litiges avec les pays membres de l'AELE. Après l'échec de la codécision, c'est un nouveau coup dur qu'il faut expliquer à une opinion publique divisée. Alors Felber et Delamuraz décident de foncer. A trois heures du matin, ils organisent une conférence de presse dans une précipitation fort peu helvétique. Le cadre, un bâtiment de la Communauté européenne, et l'heure, compte tenu de ce qu'ils ont à dire, sont pour le moins curieux. « Original pour annoncer une telle nouvelle au peuple suisse. Vraiment original », pense le secrétaire d'État, Franz Blankart, l'un des négociateurs. Les deux ministres suisses annoncent que la Confédération va déposer une demande d'adhésion à l'Union européenne.

L'accueil, quand la nouvelle est connue, est partagé. Il y a les enthousiastes qui voient enfin un gouvernement montrer un cap, faire preuve de vision et de courage politiques. Il y en a d'autres, y compris au sein de la haute fonction publique, qui jugent que « l'EEE est foutu ». Ce qui ne les empêchera pas de faire des dizaines de discours en faveur d'un référendum. Ils estiment que les pro-européens au sein du gouvernement viennent de se saborder sans même s'en rendre compte, en mélangeant, dans l'esprit des Suisses, un référendum à caractère économique (l'EEE) et un but politique plus lointain, l'adhésion.

La décision d'un vote sur l'EEE n'est pas obligatoire. Les juristes du Bureau de l'intégration européenne à Berne reprennent les articles de la Constitution suisse. Ils sont formels : un référendum constitutionnel avec la double majorité du peuple et des cantons n'est pas nécessaire. En revanche, la voie serait libre pour les anti-européens qui auraient pu lancer un référendum facultatif à la majorité populaire. C'est une différence fondamentale : les petits cantons de Suisse centrale sont les plus conservateurs. En décidant d'un vote à la double majorité, le gouvernement met la barre très haut, trop haut. Officiellement, l'exécutif estime qu'une adhésion à l'EEE est un enjeu d'une telle importance qu'il est nécessaire que la population donne l'assise le plus large possible à cette décision capitale. La véritable raison est autre : trop divisé, le gouvernement dégage le ballon européen en touche. Un haut fonctionnaire lâche : « Le Conseil fédéral était tellement divisé qu'une double majorité permettait de se défausser sur le peuple, de se mettre à la traîne du peuple. » A cette difficulté qu'il s'est imposée de son plein gré, le gouvernement ajoutera une campagne référendaire qui va confiner à l'absurde.

La campagne en faveur de l'Espace économique européen est un suicide politique. Au printemps 1992, le gouvernement a peur. Il abandonne alors toute son argumentation politique et se lance dans des explications technocratiques, expliquant que l'EEE n'est que la poursuite de l'accord de libre-échange avec le Marché commun conclu en 1972. Il assure que l'Europe va créer des emplois, des marchés nouveaux, une croissance renouvelée. Gilles Petitpierre constate : « La Suisse s'est rassurée pendant longtemps par rapport à l'Europe, en guettant les échecs du Marché commun, puis de la CE, puis de l'UE, auxquels ne pouvaient manquer de conduire le dirigisme, le centralisme, la technocratie, le protectionnisme [...] L'EEE a été abordé avec une double crainte : celle d'être les laissés-pour-compte du continent et la peur de se lier plus étroitement avec cette Europe. N'osant pas nous lancer dans un discours où l'idéal et la calme raison auraient eu leur juste place à côté de la référence aux intérêts économiques et commerciaux, nous avons cru pouvoir convaincre la majorité du peuple et des cantons de souscrire à un accord commercial pur et simple en minimisant son caractère éminemment politique, au sens le plus riche du terme. [...] Le débat s'est perdu dans l'évaluation plus ou moins mesquine des avantages espérés et des inconvénients redoutés... mais le terrain est resté libre pour l'"idéal" du rejet et de l'isolement[37]. »

Et c'est effectivement ce qui se passe. Les conseillers en communication plaident pour une stratégie offensive, mais toutes leurs propositions sont repoussées. L'un d'eux raconte : « Nous voulions faire des affiches pour montrer la cohésion gouvernementale. Mais on s'est vite aperçus qu'un ou plusieurs conseillers fédéraux auraient inventé n'importe quel prétexte pour ne pas poser sur la photo de groupe. Du coup, l'affiche aurait montré l'absence de toute cohésion au sommet de l'État. Cela aurait été catastrophique. » Des badges, des tee-shirts, des disquettes de jeux informatiques, des spots télévisés sont prévus, parfois commandés. Mais rien n'est activement distribué. Le mot d'ordre, c'est de faire de la communication passive, prétendument pour ne pas dépenser les deniers des contribuables. « C'est-à-dire que, si quelqu'un téléphonait, nous pouvions lui envoyer un autocollant. C'est tout. Le gouvernement s'est paralysé à cause de ses divisions », constate, dépité, un haut fonctionnaire.

C'était programmer le rejet politique, ce qui s'est effectivement produit. Les anti-européens, Christoph Blocher en tête, centrent leur campagne sur le refus de l'adhésion (« Si vous dites oui à l'EEE, vous dites oui à l'adhésion ») et accusent le projet de mener à la perte de souveraineté, à la fin de la démocratie directe, alors que le gouvernement fait une campagne réductrice misant tout sur l'économie. En reprenant à son compte tous les arguments que les gouvernements suisses ont toujours mis en avant pour repousser l'adhésion à l'Europe, Christoph Blocher se place dans la légitimité que lui confère la continuité de la politique suisse. A quoi il ajoute, dans son bureau du dixième étage à Zurich, son succès d'industriel de la chimie, preuve du bien-fondé d'un modèle suisse : « La Suisse est un pays enclavé, dénué de matières premières. Malgré tout, elle est devenue le pays le plus riche du monde. Cette réussite résulte, à la fois, de la perspicacité économique concernant les niches de marché, et de l'ardeur au travail. J'exporte 90 pour cent de ma production. Vous voyez, la Suisse n'a pas besoin de se joindre à l'Europe[38]... »

Face à ce discours, le Conseil fédéral a perdu de vue la base de son argumentation. Prisonnier d'une logique de repli dans laquelle il s'est lui-même enferré, il ne peut plus argumenter sur le plan politique, ni sur la neutralité, vide de sens depuis la fin de la guerre froide, ni sur l'isolement politique et la fragilisation sociale. Pourquoi une stratégie aussi contre-productive? Parce que le gouvernement n'a pas mis plus d'énergie pour arriver à une décision en son sein qu'à convaincre ses concitoyens du bien-fondé d'un choix qui n'était même pas partagé par tous au sommet de l'État. Mais aussi à cause d'un manque de courage de l'exécutif devant son peuple. Dans un réflexe quasi pavlovien, les autorités en reviennent toujours, lorsqu'elles sont désorientées, à la mythologie d'une Suisse qui doit se défendre en permanence contre les agressions de l'extérieur.

Les *Neinsager* ont la partie belle. D'autant que les banques jouent « double jeu ». Officiellement, elles défendent l'EEE; en pratique, elles redoutent une Europe qui, un jour ou l'autre, pourrait mettre en péril le secret bancaire. « Les banques ont été d'une parfaite hypocrisie. Officiellement, elles s'étaient déclarées favorables à l'EEE. En pratique, elles y ont été hostiles. Elles n'ont pas mis un centime dans la campagne référendaire. En fait, leurs intérêts sont clivés : d'un côté, tout ce qui renforce la croissance économique en Suisse est bon pour elles, mais, d'un autre côté, tout ce qui isole la Suisse renforce le secret bancaire, isole le gouvernement et leur donne une voix prépondérante pour faire pression. Du reste, elles préféreraient manger des listes de titulaires de comptes plutôt que de les donner à Bruxelles », confie un fonctionnaire.

Face à un gouvernement divisé, à une économie elle aussi divisée, les Neinsager présentent un front uni. Ceux qui détiennent des positions de monopole versent des millions de francs pour défendre leurs intérêts. Mais surtout, les anti-européens ont le courage de leurs convictions. Face à un exécutif qui s'en tient à un discours technocratique et à une langue de bois, ils ont pour eux la sincérité.

A une large majorité des cantons et à une petite majorité d'électeurs, l'Espace économique européen est rejeté lors du référendum du 6 décembre 1992. Depuis, la demande d'adhésion à l'Union européenne est, selon la terminologie officielle, « gelée ». De la guerre froide, la Suisse est passée au gel de sa politique extérieure. Mais là, le froid n'est plus un allié. La Suisse n'a plus de projet politique, plus de capacité de projection. Elle a perdu sur tous les tableaux. Si les autorités avaient fait le choix clair de refuser l'Europe une fois pour toutes, et de jouer clairement le jeu de la différence, de devenir une place *offshore* au cœur de l'Europe, quitte à déranger Bruxelles, cette décision aurait produit d'énormes bénéfices financiers pour une partie de l'économie, au prix sans doute d'un nouveau développement du chômage. Mais c'eût été au moins assumer un choix politique. Dans les faits, rien de tel. Que s'est-il passé ? Les opposants à l'Europe redoutaient la perte d'indépendance, la marginalisation et les difficultés économiques pour la Suisse. Toutes leurs prédictions se sont révélées fausses. L'EEE a été rejeté mais le nombre de chômeurs a été multiplié par quatre en l'espace de quelques années, la croissance est la plus lente d'Europe et la Suisse n'a jamais été aussi isolée, obligée comme un satellite de graviter autour de Bruxelles en rendant toutes ses lois « euro-compatibles ». La politique erratique de son gouvernement le met en plus mauvaise place que la Tchéquie ou que Malte pour adhérer à la construction européenne.

C'est le vide politique qui domine, les calculs à la petite semaine et, en fin de compte, une incertitude dont le pays paie le prix fort. Pour débloquer la situation, des négociations bilatérales de nature technique s'engagent avec Bruxelles. Focalisé sur des points secondaires, le gouvernement en vient à perdre de vue les effets de la marginalisation. En 1997, la croissance du Produit intérieur brut a été de deux points inférieur à celui de l'Allemagne et de la France. Les produits suisses continuent à être soumis à des procédures d'homologation supplémentaires. La difficulté de l'accès aux marchés publics communautaires sera renforcé. La Suisse pourrait être exclue des programmes communautaires en matière de coopération technologique et d'échanges d'étudiants... Le franc suisse est devenu l'une des monnaies les plus volatiles d'Europe, car il est beaucoup plus dépendant de la mise en place de l'euro que les monnaies qui y participent. René Schwok, professeur à l'université de Genève, relève : « La Suisse cherche à éviter l'Union économique et monétaire par souci de maintenir sa souveraineté, et elle finit par moins bien maîtriser sa politique monétaire que les pays qui ont accepté de renoncer à leurs propres devises nationales. »

La Suisse est à la remorque de l'Europe. L'heure d'été en est un symbole frappant : le 25 septembre 1997, le gouvernement suisse publie une directive où il est annoncé que, entre 1998 et 2001, en conformité avec les décisions de l'Union européenne, le début et la fin de l'heure d'été seront fixés à de nouvelles dates. Or les pays membres de l'Union européenne peuvent encore changer d'avis... La Suisse les a précédés dans leur propre choix. Elle s'est mise à l'heure européenne, sans avoir la moindre possibilité d'influer sur les décisions. En somme, au nom de la défense de sa souveraineté et de son indépendance, elle se retrouve... anticiper la dépendance.

Il ne tient qu'au gouvernement et à toute la classe politique de ne pas renouveler les mêmes erreurs et de tenir dorénavant un langage clair pour convaincre une majorité de Suisses d'abandonner une mythologie devenue dangereuse. Mais le veulent-ils?

Conclusion

En octobre 1937, Denis de Rougemont, un des animateurs de la revue *Esprit*, demande à l'écrivain Charles-Ferdinand Ramuz de s'exprimer sur le « problème suisse ». L'écrivain lui répond dans une lettre qui est publiée dans un numéro spécial de la revue consacré à la Suisse : « Cher Monsieur de Rougemont, c'est une accablante entreprise d'expliquer un peuple, surtout quand il n'existe pas [...]. La Suisse est une entité politique, et j'entends bien, n'est-ce pas? qu'elle a une importance politique, même très grande si on veut, et militaire et stratégique... Mais de là à en déduire une mentalité commune à tous ses ressortissants, il y a loin [...].

« Où est notre unité? Quelle est notre unité? Quelles raisons actives avons-nous d'être ensemble? Car, encore une fois, on en voit très bien les raisons passives, qui sont par exemple le souci de la défense du territoire, l'appui que se prêtent mutuellement vingt-deux petites républiques associées dans cette intention [...], mais ce sont là des raisons négatives [...].

« Nous savons à peu près pourquoi nous sommes ensemble, puisqu'il y a des raisons historiques et militaires qui ont présidé à cet état de fait, mais nous ne savons pas très bien ce que nous avons à faire ensemble [...]. L'Homo Alpinus est-il capable, non seulement d'ingéniosité, mais d'imagination et d'invention, ou bien est-il prédestiné à n'être que portier d'hôtel[39] ? »

Plus d'un demi-siècle après cette interrogation, la Suisse traverse une profonde crise identitaire. Les modes de réponse traditionnels sous-tendus par l'« exception suisse » sont caducs. La cohésion de la société, le partenariat social et régional, le consensus politique, les équilibres culturels ont fait la preuve de leur vulnérabilité. Sur le plan extérieur, une majorité de Suisses a rejeté dans le passé l'adhésion aux Nations unies et toute participation à la construction européenne. Dans son dernier grand discours politique en tant que conseiller fédéral, le 10 décembre 1997, Jean-Pascal Delamuraz s'inquiète d'un modèle suisse en panne : « Pratiquer la démocratie consensuelle sans consensus ajoute au malaise et à l'incertitude », et il tire la sonnette d'alarme : la devise helvétique ne doit pas devenir *shareholder value* (valeurs des actions cotées en bourse).

La Suisse est dans l'impasse. L'indifférence mine la démocratie. C'est toujours grave. Ce l'est plus encore dans un système de démocratie directe. Le sort du pays est abandonné aux intérêts de minorités juxtaposées. La grande économie privée est en train d'abdiquer ses responsabilités sociales. La gauche, prisonnière d'une culture de minorité, se contente de freiner les effets sociaux de la déréglementation, mais n'a pas de contre-projet de société à proposer.

Cet état des lieux est inquiétant. Mais toute crise constitue aussi une période d'opportunité. Le désarroi présent n'y échappe pas, et peut devenir la chance de la société suisse. A elle de la saisir et de poser les bases d'une refondation. Après tout, au sortir d'un début de guerre civile, en 1848, la Suisse s'était donné en neuf mois les moyens de repenser de fond en comble l'organisation du pays. C'est sur cet héritage politique et institutionnel que le pays a vécu pendant un siècle et demi. Bien entendu, le gouvernement a un rôle crucial à jouer. Il ne peut plus se contenter de se comporter comme un sous-traitant technique qui passerait l'essentiel de son temps à gérer au coup par coup l'héritage familial. Il doit donner une lisibilité à ses choix politiques, se rendre responsable par un programme de législature auprès de ses concitoyens. Mais surtout, la société suisse dans son ensemble ne peut plus prendre prétexte de la démocratie directe et de la « formule magique » pour abandonner ses responsabilités devant un système qui s'auto-paralyse.

Trois défis fondamentaux se sont posés ces dernières années au gouvernement et à la société suisse. Trois défis engageant à la fois le passé, le présent et l'avenir : assumer le passé de la Seconde Guerre mondiale, redéfinir son identité, enfin, choisir de s'intégrer ou non dans l'Union européenne.

Chaque fois, le Conseil fédéral a tergiversé, à cause de ses divisions internes et de son manque de courage face à une opinion rétive. Ce n'est pas un gouvernement, mais plutôt l'irrésolution qui a été au pouvoir. La société en a systématiquement payé le prix, même si elle en a sa part de responsabilité. Jamais la Suisse n'a été si isolée. Jamais la jeunesse n'a eu une vision si opaque de son avenir. Ni l'Europe ni le monde n'attendent plus le Godot helvétique. A la Suisse de changer de rôle. Après tout, être né comme il y a quelques siècles n'est pas la plus mauvaise préparation à l'ouverture. D'autant que la Suisse a un message fort à donner : celui de ses droits populaires qui, débarrassés de leur potentiel de blocage, peuvent constituer une source d'inspiration pour démocratiser la construction européenne, en la rendant plus proche des peuples qui la composent.

L'Espagne d'après Franco et l'Afrique du Sud post-apartheid, après des guerres civiles sanglantes, ont eu des choix infiniment plus durs à accomplir que la Suisse. Mais, au moins, elles ont eu le courage de les affronter. La crise identitaire en Suisse a cependant généré des réactions salutaires. Un mouvement de jeunes a relancé la question de l'adhésion de la Confédération helvétique à la construction européenne. La classe politique commence à admettre la nécessité d'une réforme des institutions. L'opinion publique s'interroge sur le bien-fondé de l'« exception suisse »... Jusqu'ici, les mouvements porteurs d'espoir ont été le plus souvent sans lendemain, comme si la force d'inertie devait nécessairement l'emporter sur les volontés de changement. Mais ce n'est pas une fatalité.

Il est temps aujourd'hui de réaffirmer la primauté de la réflexion politique sur la seule gestion des intérêts. Il est temps que la nécessité de viser un idéal dépasse la peur de perdre des acquis. Il est temps de réapprendre la légitimité du conflit. Le débat est l'une des pierres angulaires de la démocratie. Pas un consensus de façade ni *a fortiori*, les non-dits. La société suisse peut se défaire des chaînes du passé qui l'emprisonnent. Elle peut choisir de ne plus subir son destin. Elle n'est pas prédestinée à « n'être que portier d'hôtel ».

Notes

Troisième Partie

1. Jean-Pascal Delamuraz, dans le *Journal de Genève*, 2 et 3 novembre 1991.

2. Entretien avec l'auteur, publié dans *Le Nouveau Quotidien* (*LNQ*), 15 octobre 1997. Lukas Mühlemann, grand patron du Crédit Suisse, déclare : « Notre responsabilité sociale, c'est de maximiser les profits. »

3. Entretiens avec l'auteur, septembre-octobre 1997.

4. Entretien avec l'auteur, 16 juillet 1997.

5. Entretien avec l'auteur, publié dans *LNQ*, 5 octobre 1997, « La Suisse selon Daniel Cohn-Bendit ».

6. Entretien avec l'auteur, 17 décembre 1997.

7. Gilles Petitpierre, « Le Conseil fédéral suisse : expérience et réforme », in *L'Union européenne à la lumière du fédéralisme suisse*, éd. Georg, 1995, p. 97.

8. Entretien avec l'auteur, 12 janvier 1998.

9. Entretien avec l'auteur, publié dans *LNQ*, 30 octobre 1997.

10. Entretien avec l'auteur, 12 janvier 1998.

11. Entretien avec l'auteur, 15 juillet 1997.

12. *Ibid.*

13. Entretien avec l'auteur, 24 juillet 1997.

14. Entretien avec l'auteur, décembre 1997.

15. Entretien avec l'auteur, publié dans *LNQ*, *art. cit.*, 5 octobre 1997, « La Suisse selon Daniel Cohn-Bendit ».

16. Entretien avec l'auteur, 9 octobre 1997.

17. Gilles Petitpierre, *op. cit.*, p. 97.

18. Entretien avec l'auteur, décembre 1997.
19. Fritz Zorn, *Mars*, Paris, Gallimard, 1980.
20. Entretien avec l'auteur, publié dans *LNQ*, 30 octobre 1997.
21. Entretien avec l'auteur, 17 novembre 1997.
22. *Ibid.*
23. Lettres de Max Frisch adressées à Marco Solari.
24. Hans Ulrich Jost, « Les enjeux politiques de l'histoire suisse », in *Le Pouvoir suisse 1291-1991*, Lausanne, éd. de l'Aire, 1991, p. 298.
25. Entretien avec l'auteur, 17 novembre 1997.
26. Voir les travaux de Bernard Crettaz, notamment « Production et patrie », *op. cit.*, in *Les Suisses dans le miroir.*
27. Gilles Petitpierre, « Quelle chance pour nos institutions », tiré à part, p. 17.
28. Eric Hoesli, *LNQ*, 14 mars 1995.
29. Entretien avec l'auteur, décembre 1997.
30. *Ibid.*
31. *Ibid.*
32. *Ibid.*
33. *New York Times*, 10 février 1997.
34. « La Suisse et la Seconde Guerre mondiale, une mise au point du conseiller national Christoph Blocher », p. 3.
35. Entretien avec l'auteur, 28 septembre 1997.
36. Gilles Petitpierre, « Évolution asynchrone en Suisse : clivages polarisants », *Annuaires de la Nouvelle société helvétique*, 1996-1997, p. 3.
37. *Ibid.*
38. Entretien avec l'auteur, décembre 1997.
39. Revue *Esprit*, Paris, octobre 1937.

Table

TROISIÈME PARTIE

Impression réalisée sur CAMERON par
BRODARD ET TAUPIN
La Flèche

pour le compte des Éditions Stock
*27, rue Cassette, Paris VIe*
en juin 1998

Imprimé en France
Dépôt légal : juin 1998
N° d'édition : 8162 – N° d'impression : 6017U-5
54-02-4954-01/1
ISBN : 2-234-04954-7